三项全能

职场新手成长记

教你站起来会说

果冻布丁 编著

中国出版集团
中国民主法制出版社
全国百佳图书出版单位

图书在版编目（CIP）数据

教你站起来会说 / 果冻布丁编著. —北京：中国民主法制出版社，2025. 7. —（三项全能：职场新手成长记）. —ISBN 978-7-5162-3923-0

Ⅰ. H019

中国国家版本馆 CIP 数据核字第 2025Q0W982 号

图书出品人：刘海涛
责 任 编 辑：陈　曦　贾萌萌　张雅淇

书　　名 / 三项全能——职场新手成长记：教你站起来会说
作　　者 / 果冻布丁　编著

出版・发行 / 中国民主法制出版社
地址 / 北京市丰台区右安门外玉林里 7 号（100069）
电话 /（010）63055259（总编室）　63058068　63057714（营销中心）
传真 /（010）63055259
http：//www. npcpub. com
E-mail：mzfz@ npcpub. com
经销 / 新华书店
开本 / 16 开　710 毫米 × 1000 毫米
印张 / 15. 75　**字数** / 200 千字
版本 / 2025 年 7 月第 1 版　2025 年 7 月第 1 次印刷
印刷 / 三河市宏图印务有限公司

书号 / ISBN 978-7-5162-3923-0
定价 / 58. 00 元

致翻开这本书努力向上的你
——代前言

我们都经历或见过太多这样的场景：

熬夜写材料的小A对着修改七稿的会议纪要仍在反复斟酌字句，汇报工作时声音发颤的小B将精彩策划方案说得支离破碎，满怀热忱的小C在办事时疏忽了一个重要环节。这些真实场面，拼凑出职场萌新的日常图景。

“卷”似乎成了当代职场的最鲜明特质之一。

职场新人正经历着前所未有的生存焦虑。有人带着挥之不去的疲惫感在KPI赛道上拼尽全力，用“卷王”标签浸染着青春的底色；有人用钝感力筑起心墙，如同蜗牛蜷缩进自我保护的外壳；更多人则在“好的、收到”机械回复中，默默收起了真实的喜怒哀乐。我们既惧怕内耗，又不甘躺平，在二者之间反复摇摆：究竟要拼到什么程度才行?

“浙江宣传”2025新年贺词为负重前行的我们推开了一扇窗：面对输赢胜负，真正的智慧在于——既“尽我所能”，在可为处全力以赴，让未来可期；又“敬我不能”，在不可为处坦然接受，对过往释怀，与自己和解。一个人最优雅的姿态，是不困于内卷与内耗的二元对立，以更舒展从容的姿态拥抱生活。

但从容绝非消极躺平。当AI浪潮以摧枯拉朽之势重塑职场规则，AI工具12秒生成周报，数字主播抢占汇报舞台，算法逐渐蚕食人类特有的情感温度，我们比任何时候都更需要扎实的职场核心技能。

职业生涯不是短跑冲刺，而是一场技能升级的马拉松。真正的职场成长，是掌握技能方法后的从容绽放。拉开差距的，是在看似静默的蛰伏期，保持如饥似渴的学习姿态，积蓄能量，提升技能，补足短板，在臻于至善的追求中持续精进，积攒破土而出的能量，最终厚积薄发。

AI 时代是否还需要修炼写作能力？常卡壳的 i 人如何开口即圈粉？爱表演的 e 人怎样避免过犹不及？该如何将自己打造成“行走的解决方案”？

答案愈发明朗：清晰的文字表达、得体的言语沟通、熨帖的处事方式，这些看似传统的“基本功”，实则是穿透 AI 洪流的定海神针。

这本书虽然名为“三项全能”，绝不是空谈“打败所有困难”的励志鸡汤，而是真正的解忧锦囊；虽然名为“成长记”，也不是编织“菜鸟逆袭霸总”的虚幻神话，而是提供实用的“成长技”。虽然讲的体制内，但也适用于同为职场的体制外，二者的思维方式、运转规律有很多类似。

书中的每项技能，都源自真实场景，历经实战反复淬炼，专为职场新人量身定做，堪为教科书般的技术指南。

我们结合丰富经验，精心打磨每一项技能技法，构建了从心理建设到入门基础，再到进阶提升、出彩突破的阶梯式成长体系，层层递进，步步为营，一步一个脚印。我们足够自信，职场新人一定能看得懂、学得会、用得上，从而突破能力瓶颈，快速站稳脚跟，培育出不可替代的核心竞争力，以充足的底气迎接可能的挑战。

几年后，回望这次决定性的阅读，你一定会觉得：这本书，就像一把打开职场进步之门的密钥，在每一个需要你支棱起来的时刻，为你注入“原来我也可以”的笃定力量。

愿你阅读之后，笔下有魂，口中有度，眼中有光，脚下有路。

果冻布丁

2025 年 6 月

目录

CONTENTS

心理篇

入门篇

进阶篇

出彩篇

PART

心 理 篇

第一章

当众讲话，是无人可以替代的能力

第一节 在机关，说话是一面镜子

一个在企业工作的外地朋友说过这样一件事：

一次，他被安排参加一个政府主办的会议，中间有个环节是领导致辞。朋友很是激动，怀着崇拜景仰的心情，准备好好聆听讲话。

这位领导在工作人员引导下，眼神坚定、踱着方步，走上主席台，举手投足间领导范儿十足。但一开口，不仅毫无气场，而且前言不搭后语，逻辑混乱，三五句就讲完了。当时，这位领导的高大尊贵形象在朋友心里一落千丈。

俗话说："鸟不鸣不美，人不言不贵。"不开口说话，只看外表，是不能全面了解一个人的。

说话像一面镜子，能映射出一个人的水平；说话也像一把尺子，能丈量出一个人的能力；说话还像一个走秀的舞台，能展示一个人的形象。

在经济快速发展和社会治理体系不断完善的当今，说话在工作中更是不可或缺。不论是沟通协调、汇报工作，还是联系群众、处理问题，都需要通过善于说话来完成。

入职不久的机关新人，需要做一些事务性的工作，写材料、送文件、跑腿等，说话在工作中的占比还不高，估计可占 30%。如果当上领导，主要的工作方式和手段就是讲话。对上汇报，对下安排，对外交往，对内协调，抓班子带队伍，鼓干劲聚合力，基本所有的工作都要通过说话来完成，这时候讲话就占据了全部工作的 90% 甚至更高。

如果不具备一定的说话能力，不仅各项工作协调不成，安排不开，举步维艰，更别说提高行政效率，连称职都很难。

⊙ 其一，说话映射一个人的能力水平

有个成语叫“察言观色”，人们通过你的说话，能第一时间了解你的出身、教育、性格及处事方式。机关工作尤其是领导工作的过程，大部分以语言作为媒介。讲话发言水平的高低，是机关人员各种能力的直接体现。领导评价一个机关人员有没有能力，水平高低，主要看他的组织能力、沟通能力、协调能力、解决问题能力、文字能力。语言表达，就是所有能力的集大成者，是各种能力的外在展现。

会说话的人，令人有如沐春风之感，让复杂的人际关系融洽，自然在职场容易顺风顺水；不会说话的人，句句如针，处处招人讨厌，得罪人而不自知，在职场屡屡碰壁也就不足为奇。

⊙ 其二，说话映射一个人的自身形象

腹有诗书气自华，肚子里有多少墨水，说话最能体现。尽管确实有的人“茶壶煮饺子”，肚子里有东西却表达不出来，但这种情形不应该被倡导。如果连话都说不完整，让人怎么看出来他的文化素养？

有文化素养的人所说的话，语言更丰富，不会出现“词穷”；所说的话更为深刻，也更为得体。他在和领导沟通时有很多新的话题，不会出现“尬聊”。

每个人的形象，会通过日常工作、交流体现出来。有的机智灵活，有的成熟稳重，有的毛躁冒失，有的言行不一。而领导则善于通过讲话发言，展示他的个人形象魅力。

⊙ 其三，机关不会说话，自己很丢脸，领导很尴尬，后果很严重

机关干部尤其是领导如果不会说话，不仅影响形象问题，更重要的是影响工作，甚至失职失责。不懂讲话技巧，话不投机、语不到堂，说偏话、说硬话、说狠话、说错话、说不当的话、说跑调的话、说过头的话、说不合时宜的话、说不入情入理的话，不仅会在领导面前掉链子，更会在大庭广众之下丢面子。

机关工作的特殊性，决定了机关说话的重要性。领导一句错话，可能会导致矛盾激化，因此而失责、失职、失身份，把事情搞砸，甚至导致决策失误，产生严重影响。

机关人员从事公共管理，除了面对上级、同事，还要面对群众、媒体，表达观点、立场、态度，一言不慎，悔之晚矣。

在机关，一定要用好说话这面镜子，随时照照自己，也通过映照别人提升自己。

第二节 “不说为好”“少说为妙”，你还笃信沉默是金？

时至今日，尽管越来越多的人重视“说话”，但依然有不少人把“沉默是金”奉为圭臬，视为座右铭。

他们有的秉信“不说为好”“少说为妙”“祸从口出”，工作中三缄其口、闭口不言；有的是“社恐 I 人”，性格内敛，天性话少，习惯独处，不愿做

任何开口说话的事；有的经历了几次登台发言失败，不想再经受“痛不欲生”的体验，生出惹不起躲得起的念头，认定自己不是上台发言那块料，干脆采取鸵鸟战术，躲进小楼成一统。

于是，接到开会任务，他们会先问要不要发言。只要有发言的会议，就千方百计请假不参加；即便去了，只要让发言，就连连摆手说“没意见”。有演讲比赛、竞聘上岗活动，就找借口推脱掉；宁愿躲在办公室读书看报写材料，也不去抓住机会锻炼。

包括机关在内的所有职场，“说”无处不在，应用场景比“写”更为广泛。每时每刻，每项工作，传达指示、动员部署、贯彻落实、沟通协调等，都要依靠“说话”来推进。

党代会、人代会作报告，是“说话”；
传达会议精神、宣读上级决定，是“说话”；
进行经验交流，作为典型发言，是“说话”；
宣布审批结果、公布调查结论，是“说话”；
交流感受体会、组织个别谈话，是“说话”；
向领导汇报、报告工作，是“说话”；
动员部署、宣传发动，是“说话”；
主持会议、周年庆典，是“说话”；
欢迎致辞、宴会祝酒、新闻发布，是“说话”；
任职表态、离任感言、竞聘述职，是“说话”；
深入群众慰问走访、调研视察，是“说话”；
和两三个人沟通协调工作进展，是“说话”；
即便自我介绍、聊天应酬、谈心谈话、电话沟通、微信联系，也是“说话”……

在“说”无处不在、躲无可躲的环境里，一个人仍然笃信沉默是金，路子自然会越走越窄。

⊙ 其一，职场高强度竞争，“沉默是金”者可能错失机会

不少公务员虽然入职多年，但仍对自己的口头表达能力感到不自信。

具体的表现就是：凡会必念稿，没稿不开口；念稿不脱稿，念完就结束；不表态，不发言，三缄其口；跟群众交流不畅，两三句话就尴尬收场。这是很多人的深刻感悟，甚至是一些人的教训。

试想，在一个很重要的会议上，你闷头念稿，紧张得声音颤抖，眼皮也不敢抬一下，不仅领导失望，也会给听众留下“没水平”的印象。

所以，能够在公众场合，流畅自然、自信满满地当众进行一场适合自己身份、满足听众需求的讲话、发言，绝对是一个人的加分项。

我们不提倡“干得好不如说得好”，但起码要做到“干得好还要说得好”。干得好重要，让别人知道你干得好更重要。既要干得好，也要说得好，才是职场制胜的法宝。

⊙ 其二，当下发展的形势任务，“沉默是金”者越来越少

新时代机关的各项工作任务，很多工作不是更简单了，而是要求更高、情况更复杂了。尤其是基层，工作越来越具有挑战性、突发性、随机性、不可预见性。社会治理难度越来越大，群众法治意识越来越强，百姓美好生活期待越来越高，社会矛盾也越来越多样，需要领导干部和公务员通过逻辑严密、通俗易懂、生动灵活、说服力强的语言，化解矛盾、纾解情绪、维护稳定、推动工作。

如果一个干部，一席话下来，不仅没有平息矛盾，反而导致问题激化，引发舆情，怎能让领导放心？

机关有一些人工作兢兢业业，踏踏实实，任劳任怨，领导安排的每项任务都认真落实，也取得了不斐的成绩。但就是不善于表达，过于低调内敛，如果能提高表达能力，自然会取得更好的工作效果。

⊙ 其三，日新月异的科技革新，“沉默是金”者难以获得便利

当前，高科技以令人目瞪口呆的速度，驱动各行各业变革新生，给许多行业提供了很多便利，刷新了人们的认知。

尤其是现在 AI 技术突飞猛进，代替人们做了很多工作，那些让人头大的机关文字材料，AI 很快就可以帮你写好，而且质量上乘。但唯独在当众说话上，却恰恰相反，迅猛发展的科技不仅没有大大推动个人表达能力的提升，甚至还给“说话”带来负面影响。

就和很多人提笔忘字一样，现在人们过度依赖网络，导致表达能力、交际能力下降，缺乏独立思考能力，动辄张口忘词，要么语塞，要么词不达意。在高科技加持背景下，很多人用了电脑废了人脑，用了科技毁了口技，说话能力不升反降了。

工作中，材料可以请人代写，事情可以请人代办，但唯独说话，只能由你自己亲自去办。因为，在未来社会最重要的资产，是影响力。影响力怎么构成？两个能力——第一是写作，第二是演讲。

那些笃信“沉默是金”的朋友，真的要调整一下思路了。

第三节 “能写”在暗处，“会说”在明处

身在职场，不管是不是在机关工作，每到开会发言、当众讲话、演讲汇报，是不是有下面这样的情形：

心跳加速，手心冒汗；

呼吸急促，声音发颤，嗓子发紧；
浑身僵硬，手足无措，下意识地挠头；
大脑一片空白，连开头也不知道怎么组织；
东扯一句西扯一句，逻辑一片混乱。
要么语速飞快，想赶紧表达完结束；
要么声音小得像蚊子，低眉顺眼，不敢抬头朝台下看；
内容不痛不痒、干干巴巴；
仓促应付几句，闷头念完，就逃也似的收场。

估计很多人有过这样的亲身经历，也见到过其他人有这样的表现。甚至有些人，从接到发言任务，好几天前就开始心跳加速，焦虑，害怕，时间越近越是紧张，几乎寝食难安；发言之后，像干了一次沉重的体力活，筋疲力尽，几乎瘫软。

这些场景如同梦魇，经历过一场，再也不想经历第二次。很多人还会因此自我怀疑、抑郁、泄气，萎靡不振。

的确，面对正襟危坐、严肃威严的领导，面对盯着自己的无数双眼睛，置身在安静肃穆的环境里，每个人都会产生紧张、局促、恐惧、害羞的心理。

对很多人来说，要克服这些不利因素，大方自然流畅地当众讲话，确实是一件“难”事。难怪有些人宁愿去吃写材料的“苦”，也不愿遭受当众讲话的“难”。

看来，在机关，“写”和“说”都不是很容易的事，但它们却是两项必备的技能，也是在机关安身立命的硬本领。在机关工作，很多人都会有强烈的体会：“能写”很重要，“会说”也很重要，甚至更重要。

“能写”和“会说”，我们不能偏爱或执着于任何一项。如果优势太长，短处太短，那就成了木桶理论：水桶盛水的多少，并不取决于桶壁上最高的那块木块，而恰恰取决于桶壁上最短的那块，把短板补长，才能发挥出最大作用。如果我们对自己的短板像鸵鸟一样视而不见，能力就很难提高。

⊙ 一方面，“写”和“说”两者是相通的

“写”和“说”有很多相通、相似之处。例如，它们都是机关的一种工作方式，是推进工作的职务行为，可以体现一个人的思维能力、输出能力、表达能力，都需要精心准备、认真思考。

而且，两者都是知识、观点的输出，都需要传递自己的思想观点，说服、感染他人，都需要有正常的逻辑、清晰的思维、合理的结构、妥当的框架、好的开头结尾。

它们就像毛笔书法与硬笔书法的关系。毛笔书法练好了，硬笔书法自然不会很差。做好了其中一项，会对另一项起到很好的促进、启发作用。练好了“写”，会对“说”有积极影响。有些人在遴选面试、竞聘演讲中，能够很快找到思路，面试成绩普遍较好，就是因为平常写材料的缘故。

当然，人各有所长。现实中也经常见到这样的情形：有的人很擅长“写”，文采斐然，但就是在“说”上不大行，起码稍逊一筹；而有的人很会“说”，出口成章，但“写”的功夫却很一般。

这就要归因于两者的区别。

⊙ 另一方面，“写”和“说”两者有明显的不同

首先，两者的表现形式有别。就像跨江公铁两用大桥，尽管都是一条线路，但一个在上面走公路跑汽车，一个在下面走铁路跑高铁。不管公路、铁路，出发地、目的地、方向完全相同，思维、逻辑、框架、结构也都一致，但是表现形式完全不同。写材料，要用文字表达思想观点；当众讲话，则要用话语表达思想观点。

其次，两者的完成过程不同。“写”是循环型，“写”的过程，是边构思、边修改、边完善的过程，可以反复修改，一遍不成第二遍，甚至第三

遍、第四遍，也可以多人合作完成。而“说”则是直线型，无论说得好与坏、对与错，只能硬着头皮说下去，不能回头修改。有人说，“写”的过程像旋涡，回旋兜转，翻滚跳跃，越来越深；“说”的过程则像瀑布，飞流直下，一往直前，不可逆转。

最后，两者最突出的区别，就是“写”在暗处，在幕后；而“说”在明处，在台前。

在《教你坐下来能写》那本书中，我们已经分析了材料员的诸多特质。其中之一就是，写材料是一项幕后工作，而“说”则是在明处，在台前。讲话的人和领导、听众面对面，汇报工作、表达观点。无论讲得好与坏、长和短、精辟独到还是人云亦云，都会被大家听到。

从这方面来说，作为职场人，不仅要能写会写，还要能说会说，更要说好。

第四节 那些因“说”抓住机会的职场人

机关里，很多人因为会“说”，得到领导、同事的赏识和认可，从而备受关注，抓住机会脱颖而出，从此走上了“快车道”。

⊙ A君

某领导刚一到任，召集单位的年轻人开座谈会，了解大家对单位发展的建议和看法。A君提前做了不少功课，知道单位在最近的全国某项业务竞赛中排名不佳，还有进步空间。A君发言说：“我们单位此项工作一直排名全省前三，有坚实基础。这次失利原因很多，我们要引以为戒，尤其是我们年轻人要行动起来，有锻炼的平台。建议单位成立几个课题攻关小组，我刚好专业对口，希望加入其中，发挥我的所学和特长。相信在新领导的带领下，我们一定能够重新拿到前三名的成绩。”A君还列举了一些数据，指出了工作的薄弱环节和应对策略，体现出对工作的熟悉和对业务的精通。

A君在发言中，表现出了对单位发展的关心和强烈的集体荣誉感，能够站在全局的角度考虑问题，体现了年轻人的干劲和冲劲，得到了新领导的认可。

⊙ B君

某副省长到一偏远县调研水利工作，召开座谈会，听取有关工作情况汇报。看书面材料都摆放到了桌子上，为了节省时间，副省长直截了当开场，让汇报人都不用念材料，有什么说什么，每人5分钟。镇党委书记B君对全镇各村农田水利情况了如指掌，完全不用稿子，手里拿着全镇水流分布地图，充满激情地开始汇报。不仅讲得非常流利，而且从历史沿革到维护保养，再到村民习俗，都介绍得非常详细，一直讲了十多分钟，副省长也没打断。被问到具体水网建设的几个数据时，也是对答如流，给副省长留下了深刻的印象。

⊙ C君、D君、E君……

疫情期间，从国家卫健委到各省卫健委，从各市政府到区县政府，都设置了新闻发言人，随时通报本地疫情防控情况，提醒公众一些注意事项。那时候，是新闻发言人出现最多、活动最频繁的时候，基本每天都要出镜。

群众的眼睛是雪亮的。他们能通过这些发言人的发言，辨识到真正有水平的官员。例如，天津市的疫情防控新闻发言人，在新闻发布会上全程脱稿，专业一流，大方端庄。更有很多新闻发言人，虽然不是卫健系统出身，也有现成的稿子，但言语得体，自信淡定，流畅自如，赢得台下记者和群众的称赞声，让群众心里踏实，有安全感。

第五节 那些因“说”错失机会的职场人

上面讲了因为“会说”而抓住机会的人，当然也有因为不会说而导致错失机会的人。

⊙ H君

一次，省农业农村厅来市里调研乡村振兴工作情况。市农业农村局局长H陪同，并带着两个相关科室的科长参加。现场调研时，省厅领导随机问了几个问题和数据。H君没有准备，含糊其词，就让两个科长来回答。

开座谈会时，省厅领导又问了一个问题：乡村振兴工作中人才工作是怎么做的。局长冷汗都冒出来了，静默了约有半分钟才说：“这个这个，关于乡村振兴中的人才工作，啊，这几年我们一直非常重视，把它列入重要议事日程，分管副市长亲自抓，我们局全力配合组织部门抓实抓好。”

厅长又追问：“请你讲具体点，你们是怎么配合组织部门的？”

H君这下更是紧张：“这个这个，这些工作主要是组织部在搞，我们局里不好插手太多……人才工作在乡村振兴中当然很重要，没有人，怎么也发展不起来。但现在农村人口外流很严重，很难吸引人才啊。”

厅长听不下去了，摆摆手说：“我看你这局长还是不够重视人才工作。人才是推进乡村全面振兴的关键因素，2024年中央一号文件明确提出‘壮大乡村人才队伍’，进一步强调了人才培养对乡村振兴的重要意义，我们不重视不行啊。”

厅长又说：“你们可以多向外地学习学习，看看人家是怎么做的。你看有的地方，提出了‘四个一批’目标：回引一批创新创业的‘新农人’、培育一批扎根乡村的‘新青年’、培养一批躬耕田野的‘土专家’、打造一批善治兴村的‘领头雁’。很值得结合咱们的实际借鉴啊。”

H君连连点头称是，情绪低沉了好一阵子。其实，他们也做了一些工作，就是情急之下慌了神，思路混乱，没有表达出来。

⊙ I君

I君工作非常踏实肯干，名牌大学研究生毕业，就是有些腼腆内向，不善交际，有时候说话不分场合。

有一次，机关提拔调整了一批干部，领导组织了集体谈话会，新提拔的同志轮流发言。I君慷慨激昂地说：“没有刘局长的鼎力相助，我不会到这个位置，对刘局长，我感恩戴德、肝脑涂地！今后工作中，只要是刘局长安排的，我一定全力以赴，完不成任务决不收兵。最后，希望同事们和我一道，为刘局长服好务，为单位贡献绵薄之力！”刘局长听完脸色铁青，一言不发。

不会说话的例子还有不少。

又如，有领导在场，J君往往把领导的话都给说了，没有把好自己的定位，让领导无话可说。

再如，接受了一项工作任务，K君常常觉得没进度不汇报、没必要汇报、没内容汇报，非要等事情做完了才去跟领导说一下，导致领导不能及时了解工作进度，难以安排其他部署。

我们列举的这些会说话、不会说话的例子，在机关乃至整个职场很常见。道理很浅显，大家身边又随时随处都可以见到，就不再多列举了。

本章小结

- 当众讲话的能力无可替代
  - 说话就像镜子
    - 说话映射人的能力水平
    - 说话映射人的形象修养
    - 不会说话
      - 自己丢脸
      - 领导尴尬
      - 后果严重
  - 不能笃信沉默是金
    - 错失机会机遇
    - 不能胜任工作
    - 无法得到科技加持
  - “写”与“说”
    - 相通相似
      - 体现个人能力
      - 可以训练提升
      - 相辅相成、你中有我
    - 明显不同
      - 表现形式不同
      - 完成过程不同
      - 幕后台前不同
  - 会不会说，机会不同
    - 会说者，机会更多
    - 不会说者，错失机会

第二章

讲话要过心理关：最大的敌人是你自己

第一节

不敢说、不会说、说不好，为什么这么普遍？

很多人对当众讲话有抵触情绪。

我的一位大学同学，在某高校教书，为鼓励学生课堂上积极发言，定了一个土办法：只要主动举手回答一次问题，就加 5 分学分，15 分封顶。结果，仍然没人去争取这很容易得到的 5 分。

职场也是，让他站起来讲两句，通常会连连摆手，一再拒绝；让他代表单位参加演讲比赛，往往会一再推辞；即便让他带稿去作典型发言，也会面露难色，勉强应允；让他作个祝酒词欢迎词，语言干巴，根本调动不起来气氛……

给人的感觉，不只是谦虚谦让，而是对说话有些“怵”。

造成这种情况的原因是多重的，当然有个人性格方面的因素，但更多的则是传统观念的浸润影响、教育理念的缺位偏差，也有来自工作方面的禁区。

⊙ 从传统观念来看

我们中国人的脾性，可是公认的温良谦恭让，内敛低调，不事张扬。其实，古人并非不重视说话，如至圣先师孔子就说“一言可以兴邦，一言可以丧邦”，刘勰说“一人之辩，重于九鼎之宝；三寸之舌，强于百万之师”。但对说话，总体持审慎态度，要求很高，要言行一致，要谨言慎行。孔夫子说："君子敏于言而讷于行""巧言令色，鲜矣仁""巧言乱德""敏于事而慎于言""言之无文行而不远""食不言寝不语"。最终的要求就是"夫人不言，言必有中"，说就要有目的，不然就闭嘴。

受这些影响，后人不断发扬光大，延伸扩展了孔夫子的观点。如：

君子不失足于人，不失色于人，不失口于人。

在官言官，在府言府，在库言库，在朝言朝。

口舌祸之门，灭身之斧也。

吉人之辞寡，躁人之辞多。

水深则流缓，语迟则人贵。

三年学说话，一生学闭嘴。

恶语伤人心，良言利于行。

言不出位，事不越位。

桃李不言，下自成蹊。

言易出，故要谨。

祸从口出。

忠言逆耳。

……

这里面既有说话做事技巧，又有为人处事之道，体现了古人的生存智慧，大大影响了人们对"说"的认知。

而且，不少人认为沉默寡言的人可靠、可交、可信，能说会道的人往往夸夸其谈、油嘴滑舌甚至花言巧语。还有的更偏激，把能言善辩视为道德品行一般，这就有些不妥了。

他们没有看到，人才不一定有口才，但有口才的很可能是人才。会不会"说"、口才好不好，只是一个有用的工具。是否能言善辩，不能作为评判人品的条件。正直正派的君子，如果口舌木讷、言不及义，也很难有大的作为；如果能言善辩，则会如虎添翼，更容易实现大的作为。

⊙ 从教育理念上看

应该承认，现代社会人们对口才的需求非常强烈，对口才并不是不重视。有的人好像患上了口才焦虑症，对自己的口才不自信，认为这是自己的弱项，需要提升自己的表达能力、沟通能力、交际能力，期待自己在口才方面得到训练提升。

于是，各种“口才学”“演讲学”书籍畅销不衰；口才培训班、速成班供不应求；主持人大赛、超级演说家等节目保持很高收视率。即便在纸媒式微的当下，演讲口才方面的报刊依然坚挺；卡耐基口才训练教程在我国风行数十年；很多人每每在新的一年立志“要提升表达能力”……这些足以说明，我们在口才提升方面，不需要再统一思想认识。

尽管学校已经开始重视口才训练教育。但不得不说，应试教育背景下，学生的口才训练课安排得还比较少，学生锻炼时间少，科学指导还不足，比起发达国家来，还有不小差距。

作为一门技能型学科，语言表达就像书法一样，必须勤练苦学。如果缺乏必要的训练，口才自然难以得到提升；同时，缺乏科学指导，也会导致收效甚微。

⊙ 从实践工作中看

行政机关工作人员尤其是领导说话，受人关注，必须慎重、严谨，注意场合。如果只是敢说，却没有把握好身份和说话的分寸，说不好，是有很大风险的。随口而说的一句不负责任的话，可能会带来无法估量的后果，甚至产生巨大舆情，乃至酿成大错。

例如，面对记者对动车事故原因的质疑，铁道部新闻发言人那句“不管你信不信，反正我信了”，造成了极大的负面影响；某市规划局副局长面对记者采访，质问“你是替党说话，还是替老百姓说话”等，就是很鲜明的负面例子。

又如，某地一起生态环境污染事件中，面对媒体的镜头，县干部有的语焉不详，满口“我不了解”“我不知道”“大概”“可能”；有的很是坦诚，直言“还有两个月就退休，我也不该过多地问这些事情”；还有的理直气壮：“喝茅台也能喝死人，喝死人后，需要对茅台做毒性分析吗？我认为没有必要！”

这些现实事件在当时引起了不小的轰动，引发了广泛持久的舆情，客观上会给领导干部带来思想和精神压力：宁可不说，也不说错；谨言慎行，才能平安。

以上这些，既有传统因素，又有现实困境，还有实际困难，想让人敢说、会说、说好，真的是不太容易。

第二节　没有谁当众讲话不紧张

很多年前，美国心理学家曾在3000人中做过一项调查：你最担心的事情是什么？结果令人吃惊：41%的人认为，他们最担心的不是失业，不是意外事故，而是在大庭广众之下讲话。

无独有偶，新浪网联合《生命时报》也进行过一项调查。2854名参与者中，超过五成人在“大庭广众下发言”时“每次都非常紧张害怕”，41.3%的人表示“在某些场合紧张”，仅有0.7%的人“从来没有紧张过”。

虽然数据有些陈旧，但估计现在也不会好转多少。它很典型地说明了问题：当众发言，紧张、怯场是很普遍的事。

再看一则笑话：

经验交流会马上就要开始了。

与会人员在陆陆续续入场。一位女领导推开门进入一间屋子，看到要作关键性发言的汇报人正发了疯似的来回踱步，惊讶地问他在做什么。

“我没做什么啊。”那人不解地答。

“看你好像很紧张。”女领导说。

“您这是什么意思？”那人说，“我没紧张啊！”

“如果不紧张，”女领导回道，“那你躲在女洗手间里做什么？”

可见，当众讲话，几乎所有的人都会紧张怯场。普通人如此，名人也不例外。

著名作家沈从文第一次登台，刚开始紧张得说不出一句话，不敢抬头看台下。10分钟后，才径自念起讲稿，一会儿便把讲稿念完了。然后，停顿了好长时间，感觉实在无话可说。最后转身在黑板上写道：“今天是第一次登台，人很多，我害怕了。”

英国首相狄斯瑞黎称自己第一次在议会上的演说是“失败的、可笑的、十分糟糕的”。事后，他对人说：“我宁愿带领一支骑兵去冲锋战死，也不愿首次在议会发表演说。”

还有英国首相丘吉尔，在国会会议上演讲时因为忘词，不得不面红耳赤地回到座位上，说：“心里像塞着一块几寸厚的冰疙瘩。”

美国作家马克·吐温第一次演讲时，一登讲台，两个膝盖碰得咯咯响，嗓子里像塞了棉花球。

爱尔兰政治家潘乃尔第一次上台时，紧张得握紧了拳头，直到指甲扎进肉里，掌心也出了血。

大名鼎鼎的古罗马雄辩家西塞罗在一次演讲后说：“演讲一开始，我就感到自己面色苍白，四肢和整个心灵都在颤抖。”

喜剧大师卓别林在一次演讲时，只说了几句，竟然从台上滑到台下，栽倒在一个军官的头上。

口才培训界的泰斗、交际大师卡耐基在第一次演说获奖之前，曾由于怯场经历过 12 次失败，让他万念俱灰。成名后，他回忆说："虽然我没有找出旧猎枪和与之相类似的致命东西来，但当时我的确想到过自杀……"

为了克服紧张，有人想出了很多独特的锻炼口才的方法：

有的在人来人往的公交车站大声演讲，有的故意挑起事端和人吵架，有的口含石子练口才，有的每天到海边对着大海练习演讲，有的朝着大树练习……

紧张、怯场在机关内也是很常见的。

即便经历了逢进必考，即便聚会时谈吐自如，但很多人面对领导和同事进行发言和演讲时，仍然会紧张得不知所措，整个发言过程抓耳挠腮，语无伦次，在一片慌乱中结束发言。

可见，能否克服紧张，是机关人员能否顺利当众说话的前提。要克服紧张，首要是要理性看待紧张。

一方面，紧张是正常的、普遍的、客观存在的，没有必要刻意去否认、掩饰、遮掩。就像高考前很多人会紧张一样，要客观认识紧张。既然大家都紧张，我们自然也会紧张。不能因为紧张就一棍子打死，认为自己天生不会"说"，无可救药，带上沉重的精神负担，从而更不敢开口说话了。

另一方面，我们要学会克服紧张、控制紧张，让紧张为我所用。过度紧张肯定不好，但适度的紧张，却也是有益处的。它能让大脑保持兴奋，精神保持高度集中，神经处于亢奋状态，有压力才有动力，才能激发潜能，更高效、更顺畅地完成考试任务。

要认识紧张，首先要搞清到底什么原因导致我们当众讲话会紧张。

第三节 轮到你讲话，是不是脑子一片空白？

弄清当众讲话为什么会紧张，看似简单，实际却很复杂，因为个体差异很大。心理学家们进行了长时间的实验、论证。

一份调查问卷显示，在回答“为什么当众讲话会紧张害怕”时，27.1%的人“从小就这样，说不出原因”,“怕自己说错话，很丢脸”的占25.3%,“一见那么多人，不由自主就紧张”的有23.0%，觉得“自己心理素质太差”的有20.7%。

答案五花八门。有的说是天生胆小，内向怕羞；有的说与家族遗传基因有关；有的说与知识水平有关；有的说与社会环境、生活背景有关；有的说是面对陌生环境和陌生人不习惯，私下一点不紧张；有的说是消极心理暗示，觉得自己不行，大家都比我强；有的说是准备不足，怕忘讲稿；有的说是听众干扰，外界环境影响；等等。

心理学家发现，当众讲话紧张最为普遍的原因，来自人们对自己评价的担忧。对方或外界的单向评价，会对人心理产生不利影响，进而产生连锁性的应激生理反应。比如，面试时会紧张，因为评委会给我们打分，决定我们能否过关。

也就是说，众目睽睽之下，人的大脑会觉得自己处于危险之中，会自动传输给其他器官，迅速启动防御。于是，就会出现手心出汗、心跳加快、面红耳赤等这些紧张的外在表现。这是人类面对危机时的本能反应。

说白了，就是我们害怕当众出丑，被别人嘲笑。

美国演讲学家查尔斯·R.格鲁内尔提出了自我形象受威胁论，他指出：

每个人都具有理性的、社会的、性别的、职业的自我形象。当人们进行演讲时，其自我形象就会暴露于公众面前。由于担心自我形象会在演讲时遭到破坏，因而产生了窘迫不安的怯场心理。

举个例子。

大家都知道，鲁迅笔下有个文学人物阿Q。阿Q有个特点，就是他说话在不同的场合有完全不同的表现。面对未庄的一帮低他一等的村民，他口齿伶俐，显摆自己的辉煌时刻，甚至无理辩三分，尖酸刻薄；但面对衙门大堂那些高他一等的官吏，则一句话也说不出来，笨嘴拙舌，被稀里糊涂判了死刑，也不知道怎样给自己辩解。

有优越感时，就言语流畅；有自卑感时，就言语塞滞。这就是单项评价对个人当众讲话紧张的影响。

这下，专家们找到了比较令人信服的原因：

当演讲人走到台前，看到很多眼睛，自己的形象完全暴露在众人面前尤其是领导面前，一个人的自我形象可能遭到评价、带来威胁，大脑中的杏仁体就会提醒要小心。因为在原始社会，被这么多眼睛盯着，就意味着这人可能要被抓住吃了。杏仁体一旦行动，你将脱离大脑控制，而进入求生的本能部分。血液流向四肢，手心出汗、手足无措。所以，我们演讲时头脑才会一片空白。

回想一下自己经历的几次发言，每次发言失败时，是不是因为太在意别人的评价、太在乎外在的东西了？如果不再担心外人评价，暗示自己一定能成功，是不是结果很不一样？

很多人知道，心理学上有个“瓦伦达效应”。作为高空绳索杂技演员的瓦伦达，在一次重要表演中，一再给自己施压：这次演出来的观众都是美国知名的人物，如果演出成功，不仅将奠定自己在杂技界的地位，提升自己的声誉，还会给杂技团带来巨额收入。他一再强迫自己绝不能失败，不然一切都会成为泡影。结果，正式演出时，瓦伦达却因失误摔到地上，不幸离世。

瓦伦达成功了无数次，这一次之所以失败，因为他太患得患失，太在意别人的评价，太在意评价带来的物质与精神奖励了。

为什么有人私下里很能说，当众讲话却紧张？原因就是私下里不用担心朋友的评价，甚至还要表现自己，毫无挂碍；当众讲话，会担心别人的评价，怕当众出丑。

为什么很多领导口才那么好，都那么会“说”？一是领导水平高、知识广、阅历深厚；二是领导经历的场合多、历练多，经验丰富。

换句话说，当众讲话的紧张与个人心理素质密切相关。个人心理素质强了，不害怕外人评价，即便地位低于听众，也敢于开口说。

所以，锻炼培养个人的心理素质，是控制当众讲话紧张的重要因素。

心理素质很像一座大楼的地基。我们从外观上看不到地基的存在，但却是整座大楼最基础、最关键的部分。它决定着大楼的高度、框架、美观。人们称赞一座大楼漂亮，就像表扬一次成功的演讲，作为地基的心理素质不在表扬之内，却决定着个人的表现。

地基不牢、地动山摇。心理素质过硬，自然会信心满满，不在乎外人的评价，把紧张怯场控制在自己的可控范围内，发言自然会成功；反过来，如果心理素质不行，也就是地基不够牢固，自然会影响大楼的质量、美观，甚至有坍塌的风险。

我们这套“能写、会说、善办”丛书，按“心理篇、入门篇、进阶篇、出彩篇”四个层次，层层递进。每册都从“心理篇”开始分析，但有心的朋友很容易就能看出来，虽然同是“心理”，心理因素对写、做、说的影响，是有很大不同的。

对于“写”和“做”来说，心理状态是“愿不愿”的问题，而对“说”来说，则是“能不能”的问题。如果解决不了心理问题，紧张怯场，轮到发言了，面红耳赤，张口结舌，不仅出不了彩，甚至连流畅顺利地讲完都很难。

在心理学上，有成功心理或积极心理、失败心理或消极心理之分。成功心理或积极心理，是心理上暗示自己可以成功，在现实中多数就会成功；失败心理或消极心理，是在心理上暗示自己一定没戏，在现实中多数就会失败。

要想做一个成功流畅的发言或演讲，首先要强化心理素质，让成功心理或积极心理占上风，大胆开口，突破紧张这一最大心理障碍，一定别被“我讲不好”束缚住手脚。

第四节　大胆开口，突破“紧张”这一最大心理障碍

我们需要做的，就是要把紧张带来的影响降到最低，让自己先顺利完成发言或演讲，再乘势而上，越来越出彩。

上面谈到，紧张的原因，是心理因素导致了生理变化。那就要从提高心理素质、缓解身体不适方面对症下药。

如前所述，机关内“说话”有很多场景。场景不同，要采取不同的应对紧张的方法。下面这两点，是通用的做法。

⊙ 第一步，有备则无患——准备好再开口

例如，要开一个汇报会、经验交流会，会议通知一般提前一两周就会发给参会人员；要举办一个大型的演讲活动，相关信息甚至会提前一个月告知参赛单位和参赛人；即便六七个人的小型座谈会，也会提前一两天通知到人。

手中有粮，心中不慌。只有提前做好功课，才会给自己强烈的自信

心："我已经做好了充分准备，我一定可以！""我只要把自己准备的内容说出来就可以了！"这样会在心理上给自己积极的暗示，让情绪不会非常紧张。

自接到通知，就要在思想上重视起来，开始认真准备。那应该怎样准备呢？

首先，当然是精心起草、打磨汇报稿、演讲稿、发言稿。先明确会议、演讲、发言的主题，会议的目的、动机，领导侧重关注的内容等。这样，起草的书面材料才更有针对性，更容易吸引与会人员的兴趣，集中与会人员的注意力。

其次，对会议时间地点、会场大小、听众人数、发言次序等做到心中有数。这一点看似不起眼，其实很重要。例如，站着讲和坐着讲，绝不只是姿势体态的不同，而关系发言稿的写法、个人表情的拿捏、语速的快慢，等等，也就关系到发言的成败。

再次，要做好演练。这是一个必不可少的环节。演练，是让自己的身心尽快进入状态，置入发言或演讲的情境中。心理学研究表明，这样的情境预演就像在脑子中过电影，让自己身临其境，可以有真切感。

1. 演练一定要出声。排练中，默读和出声的效果是完全不同的。大声读出来，最好录音并听几遍，是模拟真实情形。哪里听着不顺耳，哪个地方需要停顿，哪个地方需要提高声调，随时调整自己的声音、语速，以适应现场气氛。

2. 运用多种方式练习。对着镜子讲，对着墙壁讲，对着朋友讲。练习中，除了熟悉稿子，更要掌握大体时间。不能太短，也不能太超时。开场白和结束语一定要多加演练。只有多练，才能越来越熟悉，也就越来越不紧张。

3. 不要背稿。有些人喜欢背稿，强迫自己不吃不睡，也要把洋洋洒洒的稿子背下来。且不说难度比较大，更主要的是，背稿在演讲或发言时，会有明显的背诵痕迹，而且万一临场想不起来，在那里更是尴尬。可以把演讲或发言内容的重点，列成条列式大纲，写在小卡片上，随时扫一眼，就能想出大概。不过，开场白倒是可以背下来，防止一开场就卡壳。

4. 走台必不可少。走台时要注意查看周围环境，适应场地，扫视全场。

最后，提前半小时进入演讲状态。一定要提早到会场，全身心放松。有可能的话，可以做些舒缓动作，如进行伸展运动、闭目养神、揉搓面部等。

⊙ 第二步，临战而不乱——控制临场紧张

开口前的最后几分钟，神经紧绷达到了峰值。这时候需要迅速起作用的方法，让紧张程度降低下来，以顺利完成自己的展示。

一方面，先要在心理上给自己宽慰。

首先，告诉自己，我紧张，别人也紧张，大家都彼此彼此，紧张不丢人，没有谁例外，用积极的心理暗示自己。

其次，平视甚至藐视领导和听众。在任何时候都必须尊重领导，但发言时要适当抬高自己的身位，尤其是对外人的评价，有正确的看法，不用太过在意。发言好了，得到表扬，固然可喜；发言不好，也没什么大不了的。

最后，把注意力放在发言的内容上，而不是效果上。避免瓦伦达效应，太过于关注附加的东西，会让自己患得患失，无法把注意力集中在发言上。

另一方面，进行生理调节。生理和心理是互动互联的，舒缓紧张情绪有不少可以用的身体调节法。下面是一家省级医院公共卫生中心提供的方法，大家可以试一试：

1. 呼吸法

深呼吸能使人镇静，帮助缓解和控制紧张的情绪。如演讲前情绪波动大、心跳快、呼吸急促，可调节自己的呼吸。

2. 放松法

放松颈部肌肉。从一侧肩膀至另一侧肩膀活动头部，这有助

于放松喉咙和声带。然后，逐步放松。暗暗使劲收紧身体各个部位，从足部开始，再逐一放松。

3. 按摩法

用右手按握左手无名指，右手拇指按压左手无名指顶，持续做 1—2 分钟，可减慢心跳，舒缓压力。

4. 临场活动法

紧张情绪会使体内产生大量的热能，可以在上场前稍稍活动活动，使热量散发。可走动、小跑、摇摆、踢腿，可以双手握紧再放开，让全身肌肉缩紧再放松。

5. 凝视法

将目光移向某物稍做观察或想一件有趣的事，确定一个距离较远的明朗的物体，凝神并细心地去分析、琢磨其颜色与远近，转移过度紧张的注意力，分散自己的部分注意力。

6. 微笑法

消除紧张情绪最有效的方法就是微笑。微笑时，脑部会释放抗压指令，让人感觉轻松愉快。同时，刻意放慢自己的说话速度，这样能使急促的呼吸暂缓下来，心情也就放松下来。

需要注意的是，每个人情况不一样，所用的方法也不一样。对别人有效的方法，对自己不一定那么管用。这时候也不要着急，可以多尝试几次，总能找到对自己管用的方法。总的原则就是：暖身运动稳情绪、面带微笑放轻松。

当然，缓解紧张不会一蹴而就，而是一个循序渐进、长期训练的过程。它所关联的要素很多，与脾气性格、处世方式等都有关系。尤其是在行政机关，还可能跟每个人的地位、身份、资历有关。我们要彻底消除紧张，任重而道远。

第五节 为什么看了很多口才书依然不会说？

现实中，不少有口才焦虑的人希望通过读几本书，看几个培训视频，就能开口一鸣惊人。殊不知，这完全是对“说话”的误读。

⊙ 一来，说话是实操性技能

俗话说：“三年胳膊五年腿，十年练出一张嘴。”

这句话有两层含义：

其一，“说话”作为一项实操性技能，是练出来的，不是看出来的。就像不下水永远学不会游泳、不上车永远学不会开车、不动笔永远学不会写材料、不跌倒永远学不会走路一样，不开口，就永远学不会说话。

其二，“说话”这项技能掌握起来比较慢。古人说：“勤学如春起之苗，不见其增，日有所长；辍学如磨刀之石，不见其损，日有所亏。”练习说话，虽然我们看不到这种些微缓慢的进步，但日积月累，一定会有所成就。

很多人知道李阳和《疯狂英语》，他训练英语口语以及获得成功，证明说话绝对是需要练的。他认为，正是因为要面子、自卑等不良性格和习惯导致了很多人不敢开口，造成英语学习上的困境，所以倡导疯狂地说，张口、张口、再张口，只有张口才有机会！他鼓励拿出一种“热爱丢脸、追求完美”的精神疯狂操练。在当时很多人死记硬背单词的大背景下，振聋发聩，许多人用这个办法取得了成功，《疯狂英语》风靡全国。

和其他器官一样，“说话”也是用进废退，如果不去说，肯定是会退化的。

只有通过练习，才能让口部肌肉训练出来。

市面上的口才书不少。但个别口才书，只是纸上谈兵，分析理论，探讨问题，用词高深莫测，很难真正提高。

⊙ 二来，机关内说话需要在实践中提升

习近平总书记在一次讲话中，曾形象地指出一些机关干部存在的一个大问题：

> “现在的某些同志，与新社会群体说话，说不上去；与困难群众说话，说不下去；与青年学生说话，说不进去；与老同志说话，给顶了回去。”

的确，现在不少机关干部，虽然文化水平提高了，但因为不会讲、不善讲群众语言，与群众交流反而难了、距离反而远了。

为什么不会说话？因为对工作的思考少，对实践的反思少，没有用好工作这个最丰富的“语库”。

“言为心声”。机关内说话是一个人思想的体现，是信息政策的展现，是综合能力的呈现。人们常说，“行胜于言”，不是说话不重要，而是在行动中、实践中锻炼说话，把说和做统一起来。书里讲的和现实中感受的，是有很大不同的。迈不开腿，就收获不到最真实、最新鲜的一手材料，说话自然也就干巴巴、令人犯困了。

而且，“说话”不是应付一时之需。提升说话水平需要长期的积累，需要终身学习。正如习近平总书记所说：

> “我们一定要强化活到老、学到老的思想，主动来一场‘学习的革命’，切实把外在的要求转化为内在的自觉，成为自己的一种兴趣、一种习惯、一种精神需要、一种生活方式。”

明白这一点，各位有志于改善口才的读者朋友，一定要做好心理准备：只看书，不练习，是说不好话的；一劳永逸、一气呵成、一口吃成大胖子，是不现实的。只有扎扎实实进行语言训练和积累，才能让我们尽快“会说话”，而且“会说好话”。

本章小结

- 讲话要过心理关
  - 不会说话普遍存在
    - 传统观念偏向沉默寡言，不喜欢能说会道
    - 应试教育理念不重视口才训练、口语表达
    - 工作口误带来舆情，让人谨言慎行
  - 没人讲话不紧张
    - 紧张普遍存在
      - 原因：关心自我形象
      - 瓦伦达效应
      - 心理素质是讲话的地基
    - 有助于保持精神集中
    - 不必背上思想包袱
  - 突破紧张
    - 准备好再开口
      - 发言稿
      - 现场情况
      - 多次演练
    - 控制临场紧张
      - 心理暗示
        - 积极态度
        - 自我抬高
        - 不管后果
      - 生理调节
        - 深呼吸、微笑、按摩等
  - 不迷信口才书
    - 说话是实操性技能
      - 需要开口练习
      - 不能急于求成
    - 在工作实践中锻炼

PART

入门篇

第三章

降低目标：先完成，再完美

第一节 为什么每次“讲”完总觉得不完美？

很多人有这样的经历和感受：

某次会议安排自己发言，不管准备的情况怎样、听众的反响如何，只要发言一结束，他就开始回味自己刚才的发言。这种回味能持续很久，有的持续一两个小时，有的持续一两天，有的持续一两个星期，甚至更长时间。

回味中，他们会感觉由于过于紧张，自己的那次发言：或者有些跑题，领导问的这件事，我回答的是那件事；或者内容上忘说了几条，不够完整，还可以再加进去一两条；或者讲话磕磕巴巴，声音发抖，不够流畅；或者思维短路、逻辑跳跃，可能会让人感觉突兀；再或者眼神没有很好交流，手势做得太多；等等。

总之，他们会不由自主地给自己复盘，之后找出一大堆的理由，论证自己说话真的太失败了。而且，每次都是反复循环，搞得自己非常焦虑：

“这真是个让我丢人的事。”

“大家一定都很看不起我。”

“领导应该对我很失望吧。”

其实，很多时候，我们的焦虑来源于自认为的某次失败。这些自己强加给自己的负面描述，是焦虑的最大源头。但它的影响是很大的：有的人因此消沉低迷，甚至一蹶不振。

这也是很多人说话的必经之路，发言的经验就是这样一点一滴积累起来的。不管多牛的演讲家，不管级别多高的领导，都要从这一条路上经过，别无他途。

面对诸如此类的心理焦灼，处理好了会提升发言水平，处理不好会成为极大的心理负担，需要每个职场人尤其是职场新人正确对待。

⊙ 其一，及时复盘是个很好的习惯

有人说，善复盘者赢。

“复盘”是个比较时髦的热词。无论机关内外，完成一项任务后，很多领导会带着大家一起复盘，总结经验，吸取教训，为下一次工作打好基础。

的确，复盘有助于我们避免犯同样的错误，找到和掌握规律，校正方向，纠偏修整，带来持久成功。如果没有复盘能力，自我持续成长就会受到影响。而只有自我持续成长，才能带来持久的成功。所以，能够持久成功的人，一定是复盘的高手。

回到发言上，能够每次回顾一下发言的过程经历，找出其中可以改进的地方，哪些不好的地方可以避免，哪些有益的地方可以发扬，的确是一个很好的习惯。

例如，回味刚才的发言，感觉自己发言的时候说得不全面、不完美，事后才能想出想说的话来，觉得如果那样说会更好，而且经常是这样。为什么其他同事都可以说得比较完整完美呢?

再往下分析，可能会想到三个原因：

一是可能自己没有说清楚。发言要么啰哩啰唆，要么来回重复，要么天马行空，云里雾里，没有重点，导致内容“跑题”。

二是可能自己没有说全面。发言前明明想到了很多内容，自我感觉也挺好，但是直至讲话完毕才发现，有很多重要的“点”都没有说出来，紧张之中给漏了。

三是可能自己没有设计好。发言时间分配不合理，引子过于拖沓，直到领导提醒“简洁一些”，才发现自己只讲了一半，甚至刚开头，还没有陈述观点、举例论证，时间就用完了。

再深入分析，问题的原因在哪里？是因为过于紧张，因为把控时间能力不足，还是因为逻辑混乱？

找到大致原因，这时候你就会逼迫自己列出几条措施：

学会把控时间；

经常发言，提高胆量；

训练自己的发言逻辑。

正如《礼记》所言：“知不足，然后能自反也；知困，然后能自强也。”了解自己的不足和差距，就会采取行动改进提升。几经训练，肯定会有很明显的改善，最后游刃有余。

⊙ 其二，过于追求完美不是个很好的习惯

工作追求高标准是应该的，追求精益求精也没有错，但如果因此给自己戴上沉重的枷锁，却又走向了另一个极端。

要知道，这个世界本就不完美，不完美才是常态。

很多人却依然在为自己的不完美而烦恼不已。

有人打过比方。完美，好比高山的顶峰；不完美，好比山顶下的某处落脚点。在爬到山顶之前，该歇脚时也要歇歇脚。真正聪明的人，都懂得拥抱自己的不完美。

发言也是这样。

我们看央视《新闻联播》主持人，几乎每次播报都是完美无缺，让人仰慕。他们对工作千锤百炼，臻于至善，令人叹为观止。他们是我们需要抵达的完美目标。

但如果刚开始就想达到那样的标准，因此逼迫自己，肯定会给自己极大压力。

例如，一次发言，如果你顺利讲完了，但是总觉得自己讲得不够好，自责、埋怨甚至痛恨自己，产生消极情绪，影响到自信，影响到下次发言，那就需要考虑考虑了。

曾子说过："吾日三省吾身。"我们当然可以复盘自己的发言，反省自己做得欠缺的地方，总结不足以提高自己，不然会故步自封、停滞不前。

但是孔子说过："内省不疚。"我们可以复盘自己、反省自己，让自己以后的发言更好，但是你不能因此内疚，更不要自责、痛恨自己。内省不等于内疚，复盘不等于复仇。内疚就会产生消极想法，怨恨会让自己瞧不起自己，阻碍自己进步，肯定会影响下一次发言。

人们常说：不要为打碎的盘子哭泣。

有时候，我们需要适当表扬自己、犒劳自己，提高自恋能力。给自己积极的自我暗示，会让你活得更自信。

每次发言结束，就积极地暗示自己，在战略上"认为自己讲得不错"，在战术上"总结不足，下次提高"。

如果这样想，效果会更积极、更正能量些：

"我的确不太擅长当众发言，表现也的确不够完美，但我已经完成了它。"

"没有人会盯着我的不完美不放，绝大多数人都会理解我，毕竟大家都紧张过。"

"我已经尽力了，这是我的最佳表现。我成功啦！耶——"

就像这样，用积极的心态，不停地给自己加油打气，慢慢就能驱逐内心的焦虑、怨恨，重新自信而平静起来。

千万不要被"我讲不好"束缚住手脚，也不要幻想一开口就成为超级演说家。循序渐进，刚刚好。

第二节 没有天生的讲话高手：说话真的是可以练出来的

有些人会感觉讲话是个很奇怪的存在。你看：

它好像跟学历无关：有些初中生、小学生，说起话来滔滔不绝；而有些大学生、硕博士生，学富五车却像茶壶煮饺子。

它好像跟经历无关：读万卷书、行万里路固然可以让你阅历丰富、见识广博、见解独到，说话更有内涵。但两者并不成正比，也不乏有人阅历丰富，心有口无。

说到一个人有好口才，有些人会说："那是老天爷给赏饭吃。"他们认为讲话能力是天生的，学不来，后天再努力也没用，跟日后训练没有多大关系。

其实，这是对口才的误解。

众多科学研究表明、无数真人案例证明，讲话就像开车一样，是个熟能生巧的工种，真的可以通过练习达到滔滔不绝、侃侃而谈、妙语连珠、口若悬河的效果。

现在人们普遍认识到口才的重要性，想提高自己的讲话能力，但很多人在练习口才上走了弯路或者收效甚微。

我们觉得，主要原因可能是没有处理好下面四组关系。

⊙ 其一，没有处理好先天与后天的关系

的确有的人天生说话流利、口齿清晰、字正腔圆，有说话的天赋和优

势，后期可以少花些工夫和气力。但世界上没有天生的演说家，更多的是后天的训练。也就是说，讲话水平是完全可以通过训练“脱胎换骨”的。

⊙ 其二，没有处理好硬件与软件的关系

说话其实是个很复杂的生理和心理活动过程。首先说话要有硬件，也就是舌头比较灵活，口齿比较清晰，会运用气息。虽然不要求伶牙俐齿，但起码没有口吃、结巴、吞字、大舌头等硬伤。其次说话要有软件，心理素质要过硬，不能过于腼腆、紧张，有社交恐惧症，思维逻辑要跟得上，要有一定的学识、知识、阅历。当然也与仪表仪态有很大关系，要想谈吐不凡，出口成章，需要提升个人气度、气质和内涵。

⊙ 其三，没有处理好快与慢的关系

说话对各方面的要求都非常高。提升讲话能力是个循序渐进的过程，需要文火慢炖，不能急于求成。就像中医治病，需要缓缓调理。如果练习一周，看到效果不大就放弃，那就会前功尽弃了。

提升口才，有些通过训练可以快速提高，如口齿灵活度、心理素质、思维能力等，被称为“可学之口才”，它们可以统一要求，可以复制模仿；有些是通过训练很难复制模仿的，如一个人的气质涵养、人格魅力、气度心胸等，被称为“不可学之口才”，需要个人慢慢培养，才能臻于至善。提升说话能力永无止境，是值得一生追求的事业，要做好活到老、学到老的思想准备。

⊙ 其四，没有处理好好与劣的关系

很多人认为，说话就像吃饭一样容易，但是把话说好，却不是简单的事。

前面说过，说话是分层次和段位的。文无第一，口才也无第一。也就是说，会说话与不会说话是相对的。有人语速快，但口水话多，有人语速慢，但内容丰富，到底哪个好、哪个差，仁者见仁智者见智。所以没有必要妄自菲薄。而且，说话的基本功能是交流信息，然后才有其他的说服、管理功能。作为机关人员的讲话，当然超出交流这一基本功能。

最重要的是，说话训练不是理论性的书本知识，而是实践性的实用技巧。台上一分钟，台下十年功。不想开口去练、去说，神仙也提高不了你的口才，那你只能当“无鸣英雄”了。

第三节 朗读：让舌头灵活起来

前面说过，讲话要有硬件和软件，硬件指的是舌头，软件指的是思维，二者缺一不可。

舌头就像一个输出工具，练好舌头，才能保证把想说的话讲出来。有些人，肚子里有东西，话到嘴边却讲不出来，脸憋得通红，急得跺脚，即人们常说的“茶壶煮饺子——倒不出来”。为什么倒不出来，就是舌头不够灵活，有舌头却用得不够得心应手。

有学者研究发现：“斯巴达人实干，雅典人好辩。斯巴达人在搬石头，雅典人在练舌头。”雅典论辩发达，与他们的政体有关。雅典的元老院就是唇枪舌剑激烈论辩各种施政纲领的场所，在雅典人看来，善于雄辩是一个人的“王者荣耀”。

只有舌头灵活，不那么僵硬，说话才利索起来，口齿才伶俐起来，话到嘴边说不出来的情况才会减少。

⊙ 其一，搞清为什么朗读

在一些传媒院校的播音主持专业里，课程设置是循序渐进的。先要进行口音规范训练，包括方言修正、语音规范等，再进行口语能力训练，包括措辞贴切、表意准确等，接着进行口才显现训练，如表情自然、态势得体等。

机关讲话，是为了解决问题，首要考虑的是把话说出来、把意思表达清楚，而不能吞吞吐吐、词不达意。朗读就是最适合机关人员提升语言表达能力的方法，没有之一。朗读对训练口才的作用显而易见。

一是朗读可以训练舌头，让舌头灵活起来。舌头上的肌肉群非常发达，和其他部位一样是不用则废。一个最明显的例子，相声演员、教师、推销员说话流利，就是因为他们的舌部肌肉发达。朗读就能让你练好嘴皮子。

二是朗读可以形成良好的语感，提高构思能力。讲话注重音韵美、节奏美、气势美，通过朗读能真切感受到语言的轻重缓急、抑扬顿挫。在朗读过程中，特意训练自己上半句看稿子，下半句离开稿子看前面，这样可以增强记忆力、提升快速理解力和即兴构思能力。

三是朗读还能让人自信大方，甚至改变性格。朗读实际上是让你欣赏自己的声音和语气，时间一长，可以让人不再紧张，会增强对自己形象的自信。它还可以让你记住文字中的名言金句，增加知识储备，可以出口成章。而且，朗读使脑神经处于兴奋状态，20 分钟的朗读就可以把一天的情绪很好地调动起来，提振精气神。

⊙ 其二，搞清朗读什么

训练口才的朗读，只要能让自己大声开口，把舌头肌肉训练出来，读什么并不那么重要。有些人读绕口令，有些人读诗歌，有些人读散文，还有些人读古文，更有些人读小说，都是可以的。

但考虑到工作性质需要，作为机关人员，可以更多找些习近平总书记的重要讲话、时政新闻、央媒的新闻评论、本单位本系统的领导讲话等作为朗读素材。这样既可以训练舌头，也对工作有启发，一举两得。例如，我正好翻到《人民日报》刊发的中共中央、国务院致第33届奥运会中国体育代表团的贺电，就可以拿来读上两三遍：

> 在第33届夏季奥林匹克运动会上，我国体育健儿顽强拼搏、奋勇争先、不负使命，勇夺40枚金牌、27枚银牌、24枚铜牌，实现了运动成绩和精神文明双丰收，为祖国和人民赢得了荣誉。党中央和国务院向你们表示热烈祝贺和亲切慰问！
>
> 在本届奥运会上，你们始终牢记党和人民的嘱托，大力弘扬中华体育精神和奥林匹克精神，坚持拿道德的金牌、风格的金牌、干净的金牌，以昂扬的斗志、顽强的作风、高超的技能，书写了中国体育昂扬奋进的崭新篇章，展现了体育战线改革创新、奋勇向前的时代风貌。你们积极践行“更快、更高、更强——更团结”的奥林匹克格言，同世界各国各地区运动员公平竞争、友好交流，增长了技能、增进了友谊，向世界展示了中国力量和中国风貌、传播了中国声音和中国精神。你们的优异成绩和出色表现，进一步激发了海内外中华儿女的爱国热情、振奋了民族精神、凝聚了奋进力量。
>
> 希望你们坚持以习近平新时代中国特色社会主义思想为指引，深入贯彻落实党的二十大和二十届二中、三中全会精神，锚定建设体育强国目标，牢记为国争光使命，不断攀登竞技体育新的高峰，带动群众体育、青少年体育蓬勃开展，为以中国式现代化全面推进强国建设、民族复兴伟业作出新的贡献。

⊙ 其三，搞清怎么朗读

一是从姿势上。可以坐着读、站着读、躺着读。三种方式训练的层次是不一样的，坐着读练声，站着读练姿，躺着读练气。尤其是躺着大声读，躺下来时，必然用腹式呼吸，而腹式呼吸是最好的练声练气方法。

二是从形式上。可以对着镜子练习朗读，看自己的表情，听自己的语速，了解自己的肢体语言。可以录音录像，现在手机很方便，每隔一段时间，把自己朗读的声音和过程录制、拍摄下来，反复观摩，反复研究哪里运气不足、哪里突然卡壳、哪里不够自然，这样练习的效果非常好。

三是从时间上。坚持每天朗读半小时左右，并不需要很长时间。可以从慢速读、中速读、快速读逐渐过渡，读的过程中不要有停顿，发音要准确，吐字要清晰，要尽量达到发声完整，经过一段时间，你也会口齿伶俐、说话利落了。

作为机关人员，在朗读上有一定便利。我们可以随手拿到新鲜的时政新闻作为朗读素材，可以随时找个不那么繁忙的时间，在僻静角落朗读 10 分钟，还可以随时把朗读的效果通过各种会议场合检验一番。

当然，最重要的，是要坚持下去！

第四节　复述：让思维缜密起来

练好舌头这一硬件、让嘴巴利索起来的同时，我们更要注重思维这一软件的训练。

思维在讲话中的作用巨大。

说白了，说话，是心、口、脑并用的一套操作程序。心理素质过硬，不紧张或者能控制住紧张，嘴巴把脑中所想顺利通畅、清晰完整地表达出来，就算得上一次成功的发言。

无论哪种形式的说话，演讲、汇报、座谈、发言、交流、致辞等，都要让脑子和嘴巴协调运转，这样才能思维连贯、逻辑清晰，让听众明明白白、心悦诚服。

但说易行难，看似简单，现实中却有很多状况发生。有的是脑子比嘴巴快，表现是嘴巴跟不上脑子，表达言不尽意，自己以为自己说明白了，别人还稀里糊涂，自己把自己逗乐了，别人还在那里发蒙；有的是嘴巴比脑子快，表现是嘴巴说完了，脑子还一片空白，这就会导致卡壳，说不下去，只好用“这个……”“那个……”“然后……”缓解尴尬，句子不连贯，在舞台上抓耳挠腮，局促不安。

这就是思维出了问题。

思维训练的方法有很多，但适合职场人员既方便又有效的最好办法就是复述。

⊙ 其一，搞清为什么要训练复述

一是复述可以增强理解力。复述不是死记硬背，而是在全面理解的基础上，转述出来。要做好复述，第一步是深刻理解各种要素，如领导讲话、上级精神，厘清大政方针、目标任务，掌握重要环节和关键细节。这样才能不跑偏。

二是复述可以提高记忆力。复述是从记忆中提取信息的过程。看完整个文件、讲话，认真消化之后，从头开始复述，这样不仅能很大提升一个人的短期记忆能力，而且也能训练一个人的思维反应灵敏度。

三是复述可以提高表达力。复述最重要的环节，就是按照一定的逻辑顺序重新组织信息，用自己的语言表达出来。一方面，当然可以训练舌头和嘴巴，让口齿更伶俐；另一方面，更有助于培养逻辑思维能力，提高理解和组织语言的水平。

四是复述可以提高创新力。复述不是复制，而是在模仿基础上的创作、创造。在复述的过程中，可以加入自己的理解，甚至是设想，这有助于培养机关人员的创新力。

所以，当把一个故事、一段公文材料，从“磕磕巴巴”的状态，通过不断地复述，变成“自然流利”的程度，你的口才和思维都会得到有效的锻炼。

需要注意的是，复述不同于朗读，不要看稿子；复述也不同于背诵，不是机械记忆。也就是说，朗读、背诵可以不过脑子，但复述一定是要过脑子的，依据材料的框架、大意，把相关的内容说出来。

⊙ 其二，搞清复述什么内容

复述的内容，那可是非常多了。只要读过的书籍、看过的影视、听过的故事，按说都可以拿过来复述一段，也是有一定作用的。

但对机关人员来说，复述的内容要有所选择。会场中说什么话，来源于我们的知识积累和语言储备。要想在讲话中，说出机关语言来，就要有意识地存储语言，在讲话中才能顺手拈来、脱口而出。所以，在选择复述材料时，就要舍弃那些意义不大的素材，尽量选用上级领导讲话、红头文件、官方媒体，如人民网、新华网等上面的素材。

例如，《人民日报》刊发了一则长篇通讯稿《科技成果转化如何走稳第一步》，报道了杭州打造概念验证中心，加速创新链与产业链融合的先进经验。文稿的核心内容是：

> 近年来，浙江杭州加速创新链与产业链融合，完善科技成果转移转化机制，相继建立30个概念验证中心，助力科技成果转化落地。完善培育机制，畅通申请渠道，提供全程服务……一系列创新举措有效帮助科技成果转化走稳第一步，科技企业创新活力不断增强。

你读过报道之后，就要努力通过下面五个层次，把内容复述出来：

1. 为什么要建设概念验证中心？
2. 概念验证中心如何助力企业走稳科技成果转化的第一步？
3. 如何从大量的申报中筛选、甄别合适的培育对象？
4. 从概念验证到产品落地，杭州是怎样畅通申请渠道的？
5. 从科研人才到专业团队，杭州是怎样提供全程服务的？

浏览这则新闻报道后，试着用自己的语言按这几个问题表达一遍。如果能讲出来，说明你理解了文稿、记住了大意，也能用自己的话表达出来。在讲话中，如果遇到科技创新之类的话题，需要脱稿讲话时，就可以自然引用了。

⊙ 其三，搞清怎样训练复述

相比于其他训练思维的方式，复述的优势显而易见，尤其是对于机关人员来说，更是随时随地都可以操作训练。

复述的方式有很多种，有概括性复述、扩充性复述、改编性复述；也有顺叙复述、倒叙复述、改变人称复述，等等。作为机关人员，要结合工作特点用更事半功倍的复述方式进行训练。

一是提纲式复述。机关无论工作繁杂程度、事情大小，领导讲话往往都会“一二三四”，条目清晰，框架结构一目了然。训练复述也要按这个特点，对一项工作、一项任务，试着用提纲复述。

二是问题式复述。机关讲话是来解决问题的，多给自己提出设问。就像上面的例子，通过五个问题，把杭州打造概念验证中心促进科技成果转化这一工作梳理得清清楚楚。凡事通过“是什么、为什么、怎么办”“优势是、劣势是、结果是”等进行思考复述。

三是关键词复述。关键词就像提词器，在忘词时能起到很好的提醒作用。就像公文材料的小标题，看到小标题就要想着能讲上一段话。如看到“切实加强组织领导”，就要知道从哪些环节入手，怎么组织语言复述。

总之，机关人员训练复述既要锻炼思维，也要有意增强官方语言规范性表达。这样坚持下去，可以一举两得，多么复杂的讲话场景都会从容应对、游刃有余了。

当然，和训练朗读一样，复述也一定要坚持下去，才会有好的效果！

第五节　在说话的正确道路上奋力前行

拥有良好的讲话能力，是每个职场人的愿望。很多职场新人，一上岸，就在一些老人的耳提面命下，知道了只有“写、说、办”三项全能，才能在职场立足、进步，才能成为竞争优胜者。为此他们孜孜以求，经过一番努力，其他两方面倒还能逐渐摸出门道，看出进步，唯独在“说”这一条上，总感觉进展缓慢，工作几年甚至十几年还是以前那个不善言辞的自己。

读了本章，他们应该能找到问题的症结：一是过于追求完美；二是没有知己知彼。要提升讲话能力，还要学会与自己“和解”。

⊙　其一，认识自己与接纳自己

每个人都有自己的性格特点、工作方式、生活习惯。要提升说话能力，认识自己是前提。只有自己才清楚自己最适合哪种说话方式。要提升口才，根本还在于认识自己并接纳自己。

例如，性格内敛的人，非要模仿外向人；语速慢的人，非要模仿语速快的人。明明活泼开朗，非要装作成熟稳重、慢条斯理；看别人说口头禅很有范儿，自己非要吐出一两句；明明擅长抽象思维，说话严谨，非要模仿油嘴滑舌，觉得那样很酷。这就是没有很好地认识自己。

认识自己，知道自己的说话方式并不是缺陷，而是一种独特品质，这样才能接纳自己，接纳自己的内向、社恐，也才能找到适合自己的说话方式，并在此基础上找到练习说话的正确道路。这样才能越来越相信自己，摒弃自我怀疑和不自信的心态，积极乐观地提升自己。

接纳自己的优势与劣势、长处和短处，就是为自己的说话量体裁衣，有意识地为自己私人定制、精心策划一套好的训练规划，给自己画出一个蓝图。这样在练习口才时，就能时刻提醒自己，从个人实际出发，把训练技巧和自己的个性特征结合起来，让个性契合口才，让口才体现个性，互相成就，双向奔赴，从而最大可能提升练习效果。

⊙ 其二，模仿他人与学习他人

模仿是人的天性。与开朗活泼的人在一起，你也会受到熏染，话不由自主地多起来；与沉默寡言的人在一起，常常没有话题，两人对视无言，你会感到空气凝固。

找到适合自己的人群、圈子，转益多师，领导、同事、朋友、网友等都可以，多参加他们的活动和交流，多去听会，观察那些口才好的人，模仿他们的表达方式、语气、语调、肢体语言等。也可以通过关注知名口才培训博主、观看访谈节目等进行学习。

再强调一下，模仿不是复制，不是一定要成为对方。模仿领导讲话，不是要复制成领导，而是通过对方讲话的某一个公式、某一个优点受到启发，借鉴应用到自己的讲话中。

⊙ 其三，敢于讲话与用心讲话

对很多人来说，讲话会有心理压力，是一种挑战，同时也是一次机会。

每一次讲话都是一次自我展示的机会，也是建立自信的过程。敢于接受挑战，争取难得的机会，克服紧张，不怕出错，不怕被人嘲笑，这样才能逐渐提升。

当然，敢于讲话不是闭着眼睛无畏冒险，还要做到用心讲话，就是我们前面提到的学会复盘。不是为了讲话而讲话，而是用心去听别人的讲话，揣度别人讲话的逻辑、情感；观察别人讲话的声调、仪态、表情，再反思自己讲话在逻辑、内容、声调等方面存在的优点和不足。

允许的情况下，用手机或录音笔把自己的讲话录下来，然后回放倾听。分析自己的优点和不足之处，有针对性地进行改进。这种自我反思的过程，既能帮助自己快速提升，也能记录自己的成长。

⊙ 其四，坚定信心与保持耐心

首先要坚信讲话能力是可以通过练习提高的。这样的例子数不胜数。不管遭遇多大挫折、多少困难，都要咬紧牙关坚持下去。即便被有些人笑话或瞧不起，也不打退堂鼓。

还要看到，一年练腿，十年练嘴。提升口才能力，不是一两天就可以完成的事情。语言表达涉及的方面非常多，它是说话，又不只是说话。能不能说重要，说什么更重要。嘴皮子固然要练，但只会背顺口溜肯定不行，自身修养、知识储备、专业水平、文化内涵等更要提升。而无论是素质的培养、理论的学习和技能的锻炼，都是慢功夫，都要一步一步地从易到难，需要有绳锯木断、水滴石穿的毅力。

行百里者半九十。提升说话能力，要保持耐心与坚持，不要急于求成。不能满足于一次两次，无论是会议、演讲、讨论、聊天，都要积极参与，相信自己的努力会逐渐带来改变。

认清了自我，再有针对性地练习，这样提升讲话能力才会事半功倍。

本章小结

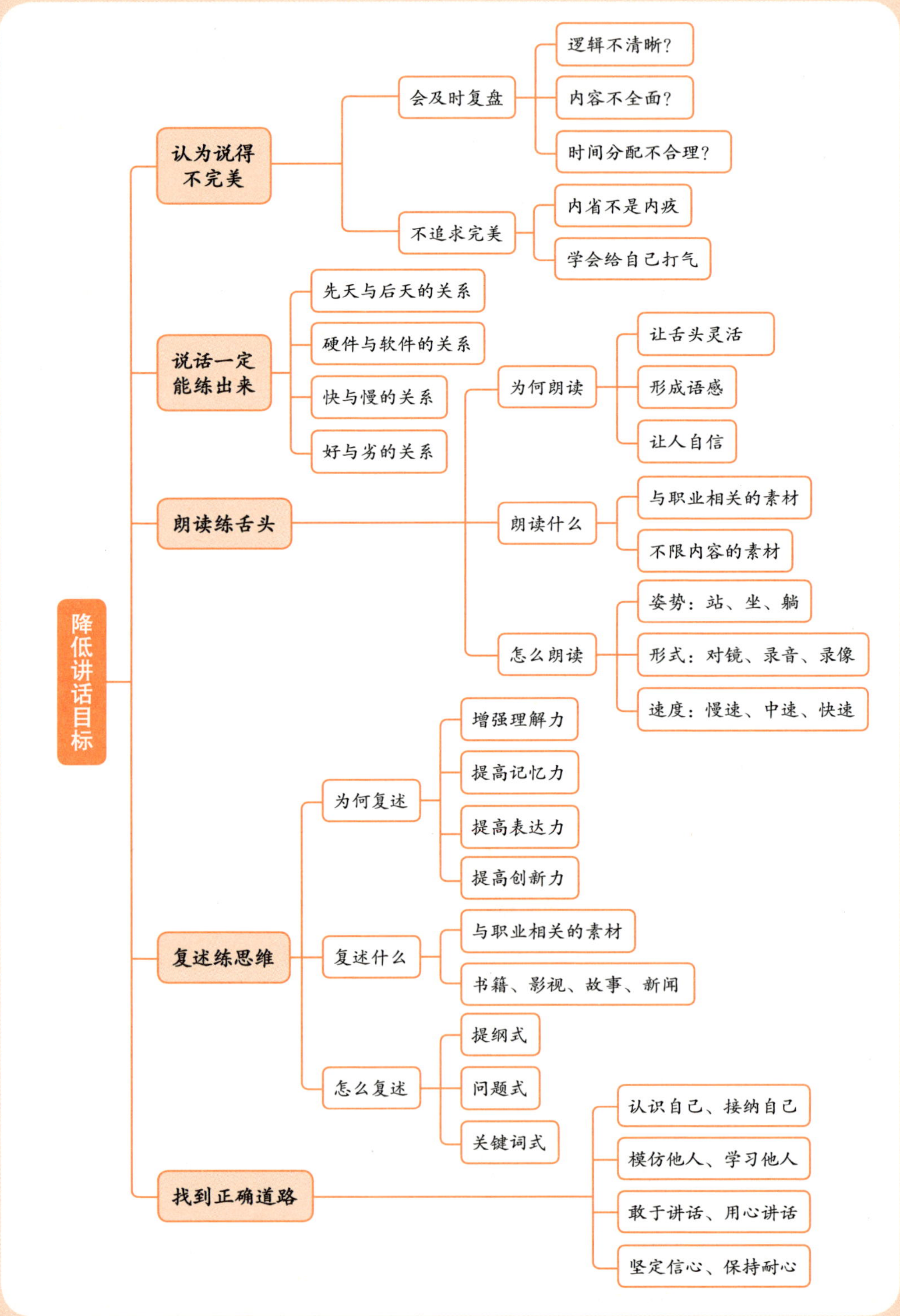
降低讲话目标
认为说得不完美
会及时复盘
逻辑不清晰？
内容不全面？
时间分配不合理？
不追求完美
内省不是内疚
学会给自己打气
说话一定能练出来
先天与后天的关系
硬件与软件的关系
快与慢的关系
好与劣的关系
朗读练舌头
为何朗读
让舌头灵活
形成语感
让人自信
朗读什么
与职业相关的素材
不限内容的素材
怎么朗读
姿势：站、坐、躺
形式：对镜、录音、录像
速度：慢速、中速、快速
复述练思维
为何复述
增强理解力
提高记忆力
提高表达力
提高创新力
复述什么
与职业相关的素材
书籍、影视、故事、新闻
怎么复述
提纲式
问题式
关键词式
找到正确道路
认识自己、接纳自己
模仿他人、学习他人
敢于讲话、用心讲话
坚定信心、保持耐心

第四章

知彼知己：了解机关讲的那些“话”

第一节 不同的场合讲话不同：讲话是分场景的

要想讲好话，先要对机关内的讲话、发言，有一定程度的了解。

机关讲话，一个最重要的特征，就是它的目的性非常强，就是说，没事不讲话，讲话就要奔着解决问题去。

我们知道，起草公文材料是为了以文辅政、以文载道，帮助领导完成统一思想、部署任务、汇报情况、交流信息、推进工作、解决问题、奖优罚劣、号召动员等任务。机关讲话同样具有这样的功用，而且它的应用比公文材料更灵活、更宽广，有材料可以讲话，没有材料也可以讲话。只要有一张口，随时随地都可以讲，来实现“以言辅政”。

机关中，不论哪种讲话、哪个场景，都有习以为常的共性要求，要符合一定的规范和模式。

一是庄重严肃，不能嬉皮笑脸、没大没小。机关承担管理、治理、保障、实施、服务等党规法律赋予的各项职责，讲话一定要庄重严肃，说一不二，才能保证政令畅通、令行禁止。

二是准确严谨，不能似是而非、模棱两可。大政方针要阐述明白，工作任务要清晰明确，必须严密周全、逻辑严谨，用词要贴切，推理要严密，不能产生歧义，防止在贯彻落实中走样，更防止搞变通。

三是精练简洁，不能絮絮叨叨、皮糙肉厚。除了一些特殊情况，机关提倡开短会讲短话，讲话发言要概括凝练，做到开门见山，言简意丰，避免讲了半天还没讲到内容。

四是生动鲜活，不能老朽呆板、艰涩拗口。机关工作随形势变化，讲话也要随之而变，用群众喜闻乐见的语言，不能装腔作势，故作高深，颐指气使，刻意摆谱，显摆自己的专业水平。

五是独到新颖，不能陈词滥调、人云亦云。机关讲话要有自己的见解，不能跟木偶一样毫无主见。讲的话通俗易懂、深入浅出，少说陈旧话、老套话。

具备了这五条最基本要求，既能实现讲话人的意图、体现讲话人的水平，又能让听众爱听、听得进去。这就达到了“言之有物、言之有序”的基本标准。

怎样算是一次好的讲话？除符合上面五个特质，做到内容充实、语言抓人之外，学会在正确的场合以正确的方式讲话，应该是一个非常重要的因素。

一方面，机关工作涉及经济发展、社会治理的方方面面，应对的事情复杂多样，讲话的各种场合、场景也就多种多样，讲话要随着场合、场景的规模、层次、对象等千变万化；另一方面，讲话也是我们上传下达、推动工作的一种方式方法，必须随着主题、主旨、现场改变自己的讲话形式，以达到更有效的效果。

根据常用的情况，我们这里把机关讲话的场景分为五个类别。

⊙　其一，大会报告、部署发动时的讲话发言

党代会、人代会、全体会、动员会、部署会等，这类会议的任务是阐释政策、明确目标、分析形势、部署任务，一般规模比较大，听众比较多。这种场合的讲话，属于部署性讲话。

这类讲话富有气势，展示使令性、号召性、动员性。就像吹响进军冲锋号一样，激励听众奋勇前行。讲话时，要采取大声宣读的形式，按照文字材料内容按部就班、一字不落地全部读出来，声若洪钟、吐字清晰、语速缓慢，气势磅礴、激情澎湃，尽量不要自由发挥，尤其是减少脱稿。如

果这时候非要表现，以敢讲敢说为时尚新潮，那就很不合时宜了。

⊙ 其二，汇报总结、典型发言时的讲话发言

汇报进展、报告情况，经验介绍、典型发言，传达会议精神、宣读上级决定等这些场合，回顾、总结、肯定以往工作成绩，提炼做法经验，得出启示启发，为今后工作提供借鉴。

这类讲话既要真实客观、条理井然，又要有一定的自豪感、荣誉感。少用、不用使令性语言，多用叙述性、描述性语言。语气声调在笃定平稳中昂扬向上，展示出对工作的热爱热情。多用短句、单句，干脆利落、清爽透彻，可以适当运用比喻等修辞手法，增强语言的新颖度，提升听众的兴趣。

⊙ 其三，座谈交流、沟通磋商时的讲话发言

沟通协调、谈判磋商，慰问走访、调研视察，交流感受体会、组织个别谈话等这些场合，一般是面对面地平等交流，双方围绕有关工作交换意见、形成共识，人员比较少，氛围比较宽松融洽。

这类讲话要面带微笑，平和谦逊，语态温和，不用那么严肃，更没必要高高在上，营造出和谐愉快的交流环境。当然，我们仍然不能忘了前面的五条共性，不能过于随意而放弃了庄重严肃，时时不忘职责任务，该要求的要求，该强调的强调。

⊙ 其四，礼仪接待、致辞致谢时的讲话发言

欢迎致辞、宴会庆典，任职表态、离任感言，竞聘述职、心得体会等这些场景，多属于社交礼仪方面。致辞时让对方体会到热情洋溢，表态中展示出谦虚诚挚，述职中表达出业绩和忠诚。

这类讲话最核心的，就是要突出“情”，以情动人、以情感人、以情化人，体现出己方的诚意。讲话中既要注意礼仪礼节礼貌，有尊重有分寸，致辞要尽可能地用优美的抒情语言，述职要尽可能地用鲜活的新颖语言，增强听众的好感。

⊙ 其五，深入基层、面对群众时的讲话发言

到社区、农村调研，了解基层工作情况，少不了和群众打交道，当众向群众讲话。检查基层工作，是对基层工作的评判，体现出工作导向，既要身入又要心入，表现出来就是讲话要让群众听得进去。

这类讲话要以群众听得懂的大白话、俏皮话、贴心话，拉近和群众的距离。用具有亲和力的语气和语调，讲好理解的话，讲实实在在的话，避免说空话、虚话、套话、文绉绉的话，也不要说绕来绕去的话。总之，以言语暖人，以心换心、以情换情，让群众有亲近感。

可见，机关讲话如果只靠一个方子治病，不管场合场景，都靠一个声调、一个表情讲话发言，缺乏适应性和应变力，那肯定是不行的。我们要多多观察、慢慢体会，掌握不同场景的说话技巧。

第二节 不同的人讲话不同：讲话是有性格的

前面我们提到过，说话反映一个人的思想，体现一个人的素养。不只如此，说话还体现一个人的性格。

性格决定命运，其实性格也决定说话。说话与一个人的个性、气质、性格、脾性、学历、阅历、环境都有密切关系。所以人们常说，语言是思

想的载体，思想是语言的灵魂；性格决定语言，语言表现性格。

心理学早就发现，人的气质可以分为四种：性格活泼、善于交际的多血质；感情外露、性格直率的胆汁质；性格持重、按部就班的黏液质；敏感孤僻、易受挫折的抑郁质。他们的讲话肯定有很大不同。

而且，每个人的音色不同、语速不同、习惯不同，也使说话各具特色、各不相同。

我们自己身边，有多少类型的领导，就有多少类型的讲话风格。大家可以细致观察体味一下。

⊙ 其一，外向、火暴、急性子领导

有的领导性格急躁、敢闯敢干，就像人们常说的“狮子型”干部。他们敢作敢当、敢说敢拼，眼界开阔，决断力和执行力强，讲话往往干脆利落、果断坚定、不容置疑，态度坚决、意向明确，一锤定音，不拖泥带水，不绕弯子说模棱两可的话。如：

> 关于招商引资，市里已经下发了《实施方案》，里边对考核奖惩问题，都有明确规定，必须认真落到实处。一是要加强调度。对于招商引资，要继续实行“一周一调度”“一月一通报”制度，好的受表扬，差的挨批评，必须奖惩分明，不能干好干坏一个样。关于严格奖惩的问题，这也不是市委、市政府对着哪一个人来的，而是针对开展工作来的。你干好了就得表扬，干不好就受处罚，好坏不分是不行的。下一步，干不好还得有别的说法，市经合局要及时调度，及时通报，而且通报得越具体越好，在通报问题上决不要打哈哈。二是要强化督导。要健全项目跟踪督查机制，对这些项目要“一月一拍照”，一年挂 12 张照片，拍照立档，跟进督查。新闻媒体，特别是报纸、电视台，对项目落地情况、招商引资情况，也要加大工作力度，跟进通报，弘扬正气。三是要

严格考核。对严格考核工作，我就不展开讲了。因为年初的时候，我们确定了考核标准，在满分 100 分中，招商引资一项就占了 40 分，最后我们也要按照考核结果来兑现承诺。这些承诺包括班子评价、评先树优、干部提拔重用等各个方面。林书记讲了，这是市委决定的，要把招商引资作为干部提拔重用的重要依据。总之要通过考核奖惩，形成鼓励先进、鞭策后进，后进赶先进、先进更先进的生动的干事创业局面。

⊙ 其二，内向、沉稳、内敛型领导

有的领导性格内敛、细致严谨，沉着冷静，成熟老练，含而不露，就像人们常说的“大象型”。他们讲话往往逻辑性强，严谨持重，很有主见，言必有据，以稳妥为要，表面轻松自然，内里却极有力度。如：

基层工作本质是群众工作。民心顺了，一顺百顺；群众安了，一安百安。群众工作做得好不好，就看用心不用心。我们只有树立以人民为中心的发展理念，将心比心才能以心换心、以心换心才能心心相印、心心相印才能有求必应、有求必应才能一呼百应。要面对面，亲情互动。发动党员干部常进百姓门、熟知百姓事、勤帮百姓忙。自己要直奔村庄问所需，身处现场听民意，直击要害解难题，进一步密切党群干群血肉联系，重拾党群干群“鱼水深情”。要心贴心，换位思考。坚持换位思考，站稳群众立场，干工作要时常叩问：“这样做，如果我是对方是否能接受？”“这样做，如果我是对方是否能支持？”“这样做，如果我是对方是否还满意？”人民群众最讲实在，最恨忽悠，一味敷衍搪塞耍嘴皮子，只会自损威信。在这方面，要下定决心、咬紧牙关，将人民的里子看成自己的面子，做到里子实、面子好。

⊙ 其三，细腻、谨慎、慢性子领导

有的领导务实勤勉，谨言慎行、循规蹈矩、瞻前顾后、谨小慎微、和蔼可亲，就像人们常说的“老黄牛型”。这样的人并非能力一般，而是凡事三思而后行，考虑周全，常常有独到见解。他们讲话中规中矩，不骄不躁、舒缓有度，很少张牙舞爪、声色俱厉，很少说过头话、过激话和火药味太浓的话。如：

> 要坚持带着责任学，在真用入行中增强“走在前、做示范”的行动自觉。要科学掌握学习方法，注重集体学和个人学相统一、全面学和重点学相贯通、理论学和实践学相衔接，切实把学习成果转化为指导实践的强大力量，转化为推动发展的实际成效。要切实解决实际问题，从习近平总书记的著作中寻策问道，不断解决实践遇到的新问题、改革发展存在的深层次问题、人民群众急难愁盼问题、党的建设面临的突出问题，在学习中不断提高领导水平和干事能力。要坚决杜绝形式主义，切实树牢正确政绩观，把功夫下在解决问题、改进工作上，坚决防止形式化、套路化、表面化，确保主题教育的政治性和严肃性。

⊙ 其四，学者型、书卷气、艺术型领导

有的领导是学者出身，学而优则仕，温文尔雅，书生气浓，知识面广，工作有板有眼、追求完美，就像人们常说的“绅士型”。他们讲话往往春风化雨，面面俱到，引经据典，对如何操作、如何落实讲得较为具体，不说粗犷急躁的话。如：

我们查办案件发现，有一些腐败分子，是被欲望所俘获、被私心杂念所战胜，但是这个人本身并不是反党反社会主义，也不是反人类的，要说问题出在哪里？私心太重。关于“拥有”，我读苏东坡，觉得有一个逻辑上、境界上的升华，他在《赤壁赋》里说：“夫天地之间，物各有主，苟非吾之所有，虽一毫而莫取。惟江上之清风，与山间之明月，耳得之而为声，目遇之而成色，取之无禁，用之不竭，是造物者之无尽藏也，而吾与子之所共适。”这里讲“有”已经是“大有”的境界了。后来他应成都大慈寺住持大师邀请，写下《清风阁记》，其中讲道：“木生于山，水流于渊，山与渊且不得有，而人以为己有，不亦惑欤？天地之相磨，虚空与有物之相推，而风于是焉生。执之而不可得也，逐之而不可及也，汝为居室而以名之，吾又为汝记之，不亦大惑欤？”这里实际上在讲“无”，境界似已超过了《赤壁赋》，极具哲学意蕴。何谓“厚德载物”？一件精美的器物，必然是集中了天之德、地之德、人之德。但是物不自言，诱惑自生，越好的东西诱惑力越大，这就叫厚“惑”载物。如果你架不住这份诱惑，会很快衍生成厚“祸”载物。所以从厚德载物到厚惑载物，再到厚祸载物，距离很短，一念而已。人到底应该怎么对待自己的欲望，值得深思。

人上一百，各色各样。除了上面几种情况，还有其他很多类型，有的人泼辣，有的人温暾，有的人强势，有的人文弱等。文如其人，言更如其人。反映在语言上，就会有明显不同的表现。看到这一点，我们在练习讲话发言时，就要审视一下自己的性格，把讲话发言和个人的性格结合起来，才能扬长避短。

第三节 你就是你自己：熟悉自己的发言性格

一个上岸 2 年的朋友小 Q 向我诉苦，他的领导口才很好，很能说，也很会说，讲话思维流畅，逻辑周严，转合丝滑，语速很快。小 Q 很佩服领导，想模仿领导的讲话，却怎么也学不会。小 Q 为此情绪低落，焦虑苦恼，对自己很不满意。

我和小 Q 说，在讲话这方面，不要刻意去复制别人，既复制不了，也没有必要。你领导性格外向，能说会道是他的天赋；你沉默寡言，不善言辞，性格内向，想刻意借鉴这个领导恐怕效果一般。你发言时，按自己的说话习惯，勇敢说下去，慢慢地就会形成自己的发言风格。此后，小 Q 按自己的说话方式发言，自信心也渐渐提升了。

在练习讲话方面，不少人最容易走的弯路，就是受名人、身边领导或同事的影响熏陶，刻意模仿，试图把他们的讲话方式、声调、快慢甚至手势，全都复制下来。

我们知道，写材料想入门，需要模仿身边笔杆子的好材料，借鉴名家的好文章。这是一条很好的捷径。关于这个问题，我们在《教你坐下来能写》里谈过。

但是讲话、发言、演讲不一样。我们不仅复制不了名人伟人，连身边领导、身边同事也复制不了。也就是说，观摩名人、领导、同事讲话，你学到的可能只是一些外在形貌，内在的东西却收获甚微。

想提高讲话能力，要从两个方面端正认识：

⊙ 一方面，要尽量使讲话发言与自己的性格相匹配

狮子型的领导，讲话果敢坚定、敢于突破；温和型的领导，讲话规规矩矩、四平八稳；细腻型的领导，讲话细致具体、井井有条。我们个人讲话发言，同样要考虑自身的性格因素。要知道自己属于哪种性格类型的人，适合或擅长做哪方面的发言。在起草发言稿时，才能有的放矢，发挥优势、扬长避短。就像歌唱家，适合唱高音的不能去唱低音，适合唱低音的也不能唱高音。

所以，机关新人工作固然要以领导为榜样，但在发言上，则要有所为有所不为。既观察领导、学习领导，又不刻意去复制、模仿领导，不然很可能胶柱鼓瑟、事倍功半，甚至竹篮打水。要认识到，在讲话发言方面，我就是我自己，不必刻意复制，一定要成为那个你羡慕的名人、领导或同事。

⊙ 另一方面，我们要做讲话发言的多面手

有一次，性格暴躁的马局长突然生病，需要他讲话的会议无法参加，只能由性格温和的牛局长代替他去讲话。尽管牛局长提前熟悉了讲话稿，删去了一些他觉得过于激昂、强势的语句，但现场读起来依然效果不好，就像穿了不合身的衣服，该激情的激情不起来，听众也觉得索然无味。

这个例子说明，不同性格的人确实应该用适合自己的讲话方式，同时也提醒我们，机关讲话，要做个多面手，学会串场，不能只擅长自己的那一个风格。我们要锻炼多种场合的讲话方式，熟悉各种场合的讲话要领，从而让自己的讲话达到更好的效果。

同一个人，在动员部署会上讲话，要语气坚定，声调激昂；在总结汇报会上讲话，要朴实严谨、情感充沛；在座谈交流会上讲话，要语调平和、自然随意；在述职庆典会上讲话，要热情洋溢、语气肯定；面对群众时的讲话，要扑下身子、坦诚对答。

机关讲话，就是给你一个舞台，让你在限定时间里表演好自己的节目。那就一定要把握住不同类型的讲话特点，适应不同场景的讲话需要，具体情况具体分析，做到各有侧重，在语气声调、神态姿态、措辞语态、气息轻重、表情神色等方面作出相应的调整，把自己各种资源都调配到最好，传达出上级意图，展示出个人魅力。

第四节 不是只有写材料才讲究“凤头猪肚豹尾”

机关里，除了那些带稿讲话的场合，也有不少像脱稿讲话、即兴发言这样无法带稿的发言场合。这类讲话，准备时间非常短，无法迅速组织语言，很多人对此很是发怵。

要么想到哪里说到哪里，思维混乱，脑袋里乱成一锅粥，自己好像讲了很多，别人却听得云山雾罩。

要么边说边停，一句一个“然后”“那个”，说着说着就卡了壳，5 分钟的发言经常 2 分钟就草草结束、匆忙下台，给人“语塞词穷”的感觉。

要么脑子里有很多想说的话，积攒了很多感想，都想一股脑地表达出来，结果却不知道先说哪个好。很像电影散场后都想赶紧挤出门，最终却拥在门口谁都出不来，只能潦草敷衍几句，很是难堪。

造成这种情况的原因很多，最主要的就是思维混乱、逻辑不清。换句话说，就是没有给发言搭好架子。

这跟写材料其实很相似。

读过《教你坐下来能写》的朋友都知道，写材料在落笔之前，有一个很长的前期准备阶段。这个阶段里，我们需要做的除了领会领导意图、明确材料主题，就是搭好架子，给材料谋划一个好的框架结构。用术语来说，就是“谋篇布局”。

框架结构是我们做好事情最基础的前期工作。一篇3000字的经验交流材料，你打算写几块内容，怎样开头，怎样结尾，中间分成三部分、四部分还是五部分，每部分写多少字，这几个部分主要说哪些内容，都要有一个基本的框架。

如果有时间准备发言稿、讲话稿，那是最好不过了。如果没有稿子，我们就要在极短的时间里，在脑子中形成一个无形的框架，也就是有一个逻辑雏形。

发言一般分为开场白、内容及结尾。如座谈交流会上，领导让参会人员做一个3分钟左右的即兴发言。这时候，你就要在脑子中快速搭建结构。开头用30秒左右，中间部分用2分钟左右，结尾用20秒左右。中间的2分钟，可以分成3—5个点，每个点40秒左右。

有经验的领导，都会把时间把握得非常好，也就是能把框架结构掌控得游刃有余。按开场、内容、结尾时间比为1 ∶ 8 ∶ 1。

如果是10分钟的发言，则可以开场1分钟，内容8分钟，结尾1分钟。

如果发言时间大于60分钟，则可以按开场5—10分钟，结尾5—10分钟，剩余时间为内容。内容部分，每个小关键点8—12分钟，讲3—6个关键点即可。

这个用时分配，就是发言最初步、最原始的框架结构。

有了一个相对清晰的发言框架，即使时间非常紧迫，即便这个框架还不那么完美，也可以帮助我们的发言更加条理清晰、逻辑严密，为下一步开口发言奠定好的基础，最起码可以让我们不会那么匆忙慌张、语无伦次。

看起来，这是不是很像我们写材料时常说的“凤头、猪肚、豹尾”？

确实没错。

写文章讲究“凤头、猪肚、豹尾”，要开好头，排好序，结好尾。讲话其实就是朗读出来的口语化文章，也要注意这三个要素。

随便举个领导即兴讲话的例子：

时间过得很快，蓦然回首，我到 ×× 工作已经四年零九个月，现在到了告别的时候了。告别的时候，我最想说的两个字是“感谢”。

我要感谢 ×× 这座城市，雍容而自信、开放而包容，使我有幸在最后的党政生涯于这里度过一段充实而难忘的时光；

我要感谢 ×× 人民，聪慧而勤勉、进取而笃实，让我在履职过程中不断受到激励鞭策，得到信任支持，有了坚实依靠；

我要感谢 ×× 老领导老同志，情深而义重、秉公而守正，对市委的工作给予真诚无私的关心和帮助，从中我获得满满的正能量；

我要感谢一起共事的同志们，同心而协力、担责而有为，你们和全市各级干部用实际行动印证了“世上无难事，只要肯登攀”的道理，我为成为大家中的一员而感到自豪和荣光。告别的时候，心情总是复杂的……

新时代，是新思想指引的时代，是属于奋斗者的时代，是 ×× 人民不断圆梦的时代。在此，我真诚地祝愿：×× 事业兴旺发达！ ×× 人民幸福安康！ ×× 明天更加美好！

这个简短的发言，结构框架很单纯，开头、中间、结尾，完美体现了凤头、猪肚、豹尾的框架结构。

讲话的开头，要像凤凰的头部，短小、华丽、精巧，迅速进入主题，抓住注意力，给下面的发言定下基调。

讲话的中间，要像猪的肚子，饱满、圆实、胖嘟嘟，通过清晰、有序的支撑点陈述你的论点。这一部分是讲话的核心，至关重要，要做到思路清晰、条理分明、层层递进，最好列出三五个要点，更有说服力。

讲话的结尾，要像豹的尾巴，利落、自然、有力，总结发言，点明中心，并强调前面的关键信息。它可以回顾你的主要论点，确保它们与会议的主题或你的开头紧密相连，留给听众一个印象深刻的点，或是引发思考的问题。

通过这三个简单的步骤——开头、要点、结尾——你就可以迅速构建出一个有逻辑、有结构的发言框架。

有了这种框架结构的思维，即使是被突然叫起来，也能在短时间内准备好发言，而且做到发言既清晰又有力。虽然离"开场抓人、中场服人、收场动人"的标准还有些距离，但发言会像流水一般，一句接一句，按部就班地排队说出来了。

第五节 控制住紧张，只是万里长征走完了第一步

读完"入门篇"，我们知道了紧张跟讲话发言有着不可忽视的因果关系。那是不是控制住紧张、解决了紧张问题，就能出口成章、侃侃而谈了？非也。

这是把"说话"想得太简单了。

就像写材料，写好材料绝不只是文字表达技巧，更考验一个人对工作的深入思考、研究、理解能力。要把材料写好，仅靠文从字顺是不够的，还要把工作想明白、想透彻、有见地。

在机关内说话，也是个很高深的课题，不只是张口说话聊天那么简单，"说话"也可以分为四个"境界"，或者说四个"阶段"：

紧张；

不紧张但无话可说；

有话可说但不知道怎么把话说好；

有话可说且能把话说好。

而要把话“说好”，也是分层级和段位的。按从低到高排序的话，说话的段位可以分为下面七个层次。

⊙ 第一层，是逻辑混乱、磕磕巴巴地讲出来

例如，在一次座谈会上，一个机关新人的发言：

这个……谈一下我个人不成熟的看法。在反对浪费问题上，我觉得还是要从机关自身抓起来。那个……领导要带头，发挥模范作用。然后，其他干部自然会效仿。然后，机关的浪费现象自然会少很多。嗯，当然，要加强监督，不监督，谁也不会遵守。如果……最好是罚款。这个，想要长期坚持下去，也得靠一系列的制度规章，大家才能自觉遵守。这样，才能树立节约机关形象。

⊙ 第二层，是层次清晰、自然流畅地讲出来

例如，某市委书记在迎接支援抗疫医疗队凯旋的讲话：

40 天前我们为你们出征壮行，40 天后我们为你们凯旋庆功。40 天来，你们日夜奋战、护佑生命，不负重托，不辱使命，圆满完成了市委、市政府交给你们的任务。40 天来，家人和全市人民时刻关注你们的战斗业绩，日夜牵挂你们的安危冷暖。今天，春归大地，山河无恙，你们平安归来，光荣归来，胜利归来，我们以最高的礼遇、最隆重的仪式欢迎 ×× 市最优秀的儿女、最勇敢的抗疫英雄回家。

⊙ 第三层，是思想明确、观点新颖地讲出来

例如，在某单位学习讨论习近平生态文明思想座谈会上的发言：

我认为，总书记说的“绿水青山就是金山银山”，其内在逻辑是，一个好的生态环境，已经成为一个地方经济发展的基本要素。人们常说“宜居宜业”。一个地方只有山好水好环境好，宜居，才会吸引大量的人聚集，特别是高端人才的聚集，人的聚集，才会带来资金技术，才会促进产业发展，特别是一些新兴产业、高科技产业的发展。比如说，杭州就是因为以前没有过度发展重工业，保留了比较好的生态环境，浙江省杭州市还特别重视杭州的生态环境建设，把西湖、西溪湿地打造成杭州的生态中心。正因为杭州有这么好的环境，比较宜居，大量的人才、高端人才，纷纷往杭州聚集，带动了很多资金和技术的聚集，让杭州成为创业之都，很多新兴的产业发展起来了。

⊙ 第四层，是满怀深情、满怀激情地讲出来

例如，某市领导在讲话结尾这样讲：

政声人去后，民意闲谈中。群众心里有杆秤。理想，应该这样来传承。奋斗，也应该这样来延续。时代潮流，浩浩荡荡，唯有弄潮儿才能勇立潮头。历史车轮，滚滚向前，唯有奋斗者才能芳华永恒。

⊙ 第五层，是文采斐然、引经据典地讲出来

例如，这个讲话：

今天的秋城昭通天气特别的好、天空特别的蓝。来会场的路上，我想起流沙河先生《理想》中的一句话："请乘理想之马，挥鞭从此起程，路上春色正好，天上太阳正晴。"与今天的场景如此契合，我把最后一句改为"前途一片光明"，送给大家，也祝贺大家！

⊙ 第六层，是即兴脱稿、出口成章地讲出来

例如，某省人大常委会副主任和机关年轻干部谈体会时的讲话：

今天在座的同志，除了我们几个支部书记，都是年轻同志。年轻干部，年轻同志，应该是有追求有梦想的，没有人甘于平庸。一个有追求的人，是有希望的人；一个有进步的人，是事业发展需要的人。那么，进步的内涵是什么呢？现在对一个同志讲"祝贺你进步了"，往往是祝贺这个同志提拔了。提拔可以视作一个人的进步，但是我认为进步的内涵主要不是提拔，而是自身的提高。一个干部提拔了，有时并不代表这个干部素质能力提高了，而一个干部素质能力的不断提高，提拔应该是合情合理、顺乎其然的事情。所以我们讲追求进步，主要应该是追求自身素质能力的提高。如何追求进步？在我看来，就是要勤学习、善思考、多实践。换句话说，你要比别人进步得快，你就要比别人更加勤奋、更会思考、更能出活。

⊙ 第七层，是金句频出、语惊四座地讲出来

例如，某市纪委副书记在五四青年节上跟机关年轻干部讲话：

今天是五四青年节。我代表市纪委常委会，向青春的你们，

致以节日的问候！对大家在纪检监察岗位上燃烧青春、无私奉献表示由衷的感谢！刚才，5位青年代表作了很好的发言，充分体现了当代青年报效祖国的远大志向、朝气蓬勃的精神风貌、自强不息的意志品格、甘于奉献的思想境界，充分体现了青年纪检人对中国特色社会主义的坚定信念、对打赢反腐败斗争攻坚战持久战的必胜信心；也欣喜地看到了××纪检监察事业发展后继有人。提到五四青年节，不得不提青年先驱李大钊先生。先生在《“晨钟”之使命》一文中写道：“厚青年之修养，畅青年之精神，壮青年之意志，砺青年之气节。”作为纪检监察青年军，担负着党和人民赋予的历史重任，就要涵养“青年之气”，在砥砺奋斗的进程中，以坚定的信念、踏实的作风、优良的品德、过硬的本领，书写无愧于时代的青春华章。

对标对表一下，你现在到了哪个层级？

“说话”是大文章，也是大学问。尤其是机关人员，要想讲话有“水平”，群众爱听，就要兼具原则性、逻辑性、准确性、深刻性、通俗性、生动性以及感染力，兼具内容与形式、思想和文采。它是一个人心理、逻辑、组织的外化，也是一个人思想、学识、才华、思维、认知、道德修养、精神面貌等的共同反映，这些都来自孜孜不倦的学习实践，需要长期乃至毕生修炼。

理解了这一点，机关人员要做到既不要妄自尊大，也不必妄自菲薄，正确认识所说的“话”，正确认识自己的性格，给自己一个正确的定位，找到自己的恰当位置，才能在提升“说话”能力上走得更快、更高、更远。

本章小结

- 了解说的对象
  - 了解讲话场景
    - 报告部署
    - 典型发言
    - 座谈交流
    - 致辞致谢
    - 面对群众
  - 了解讲话人
    - 狮子型
    - 大象型
    - 老黄牛型
    - 绅士型
  - 熟悉自己
    - 扬长避短，让发言与性格相匹配
    - 做发言的多面手，不能只会一种
  - 分配好讲话时间
    - 凤头：短小、精致
    - 猪肚：饱满、圆实
    - 豹尾：利落、有力
  - 讲话分段位层级
    - 第一层：磕磕巴巴
    - 第二层：自然流畅
    - 第三层：思想明确
    - 第四层：深情满怀
    - 第五层：文采斐然
    - 第六层：即兴脱稿
    - 第七层：语惊四座

第五章

思路混乱，那是你不会用发言公式

第一节 和考试一样，讲话也是按点给分

现在包括高考在内的大多数考试是按点给分的，答到题点上就给分，答不到题点上就不得分，写的字数再多也没用。

从这里，可以看出“点”的重要性。

如果把讲话当作一次航行，轮船一出港口，就要明确行进的航线，不能在汪洋大海里没头苍蝇般乱窜。航行中，沿途要设好休息点，隔段时间抛锚暂时停靠休整，也就是锚点。锚点起到非常重要的作用。它使你的旅途分成若干段的旅程，不再显得漫长，也让你有了依靠，不会迷失航向。

发言也是这样。明确了发言主旨，所有的语言都要围绕它进行，不能想到哪里说到哪里。找好锚点，就相当于找好了发言中的节点。通过“点”，对发言内容进行分解，这样思路就不会漫无目标、到处漂游，说话思路会更加清晰，心里会更有数。

所以，讲话发言中找“点”是最重要的。

领导讲话时，经常会说“下面我谈三点意见”“我只讲五句话”“今天和大家交流四点体会”。而且，不管多长的讲话，领导都喜欢用“第一、第二、第三”或者“首先、其次、再次、最后”来分层，这就是领导找到的锚点。

在《教你坐下来能写》那本书里，我们专门列出一章，谈怎样给材料拟好亮眼的小标题。其实，每个小标题都是找好的锚点。如：

（一）我们确立了“倾心引才”的目标；

（二）我们拿出了“真心爱才”的诚意；

（三）我们谋划了“悉心育才”的行动；

（四）我们搭建了“精心用才”的平台。

这是某市委组织部部长在人才周启动仪式上的讲话，用“引才、爱才、育才、用才”把该市加强人才工作的措施做了概述，分别围绕这四个锚点进行解读，全面透彻，思路清晰。可见，小标题找好了，讲话的锚点也就到位了。

讲话发言中的那个锚点，其实就是“视角”。看问题的角度不同，找到的锚点才丰富立体，发言才更具说服力。

那应该怎样去找发言中的锚点呢？

⊙ 一是弄清“我为什么讲”

我为什么讲，就是搞清我代表谁讲，把握好发言时自己的身份，考虑清楚自己发言的初衷，为什么要发言。

身份不同，说话的角度自然有很大不同。机关讲话通常是代表组织、代表一个职务和身份。作为单位的最高领导，可以说“我强调几句”；作为分管领导，处在承上启下的位置，则要说“我补充几句”；作为中层，在领导面前是下属，只能说“我汇报一下”。下面的锚点，则要根据“强调”“补充”“汇报”不同而有所侧重。所以，发言前一定要搞清楚自己的身份和角色，绝不能乱了身份，说了别人的话，让别人无话可说。

例如，在全市卫生工作会议上，市长或分管卫生工作的副市长、卫健委主任、医院院长等，在讲话发言中就要结合个人身份，不能越俎代庖。

市长或分管卫生工作的副市长会这样讲：

近年来，全市卫生战线以习近平新时代中国特色社会主义思想为指导，创新务实，开拓进取，取得了显著成绩。社会各界对我市卫生工作充分认可，市委、市政府非常满意。在此，我代表市委、市政府向全市卫生工作者以及关心支持卫生事业发展的各相关部门、社会各界人士表示衷心的感谢！

市卫健委主任会这样讲：

近年来，我市卫生健康工作成绩显著：新型农村合作医疗制度全面铺开，农村卫生工作取得新进展，社区卫生服务工作稳步推进，公共卫生体系建设不断完善，血源管理工作又上新台阶，党风政风廉政建设取得新成绩。这是市委、市政府大力关心支持的结果，也是全市卫生战线工作人员拼搏奋进的结果，可喜可贺！

⊙ 二是弄清“我在哪里讲”

我在哪里讲，就是把握好讲话发言时所在的场合。同一个人，参加不同的会议，场合不同，我的锚点也就不同。参加上级的交流会，要多汇报成绩亮点；参加平级的协调会，要多讲自己的职责任务；参加下级的动员会，则要多提明确要求。

除了工作会议，机关还会遇到很多生活化的讲话场景。茶话会、联谊会、庆典会、宴会致辞、洽谈致辞、获奖感言等，这些场合，讲话发言都要结合此情此景，有不同的锚点。如：

今天把大家紧急召集来，主要是研究部署当前全市防汛救灾工作。近期我市雨情、水情十分严峻，还将出现新一轮降水，异常性、极端性、致灾性都很强。13 时 15 分，市气象局发布暴雨红色预警信号，这次强降水主要集中在 ××、××、××、××4 个县，特别是 ×× 镇、×× 镇降水已超过 100 毫米。下面，就做好当前防汛救灾工作讲四点意见。

一要高度重视、时刻警醒，严防麻痹大意；

二要精准预报、强化监测，务必掌握主动；

三要严防死守、稳扎稳打，确保万无一失；

四要协调配合、相互补位，筑牢责任大堤。

⊙ 三是弄清“我在对谁讲”

我在对谁讲，就是把握好发言时面对的听众。讲话发言一定要看对象，看场下的听众是谁。看到个别场合，领导在台上讲得口干舌燥，下面的听众却面无表情。领导觉得没劲，听众也觉得难熬。原因就是领导的讲话不接地气、不暖人心、不能设身处地去感同身受。

演讲学中有个“同理心”的概念。找对了锚点，就是找准了讲话人和听众的同理心。讲话内容，正好与听众的期待相吻合，挠到了痒处，听众听起来会更感兴趣、更容易接受，现场氛围也就轻松活跃了。

例如，某县委书记在全县研究生学历干部座谈会上，讲了这么一段话：

大家都是高学历人才，往往感觉在县、乡工作，太基层了，其实你在武汉、在北京工作，你的第一站也一定是基层，只不过它是大城市而已。如果你进了一家科研院所，你开始肯定是一名普通的科研人员，不会是那个地方的学术权威，也不会是大领导，你从事的工作还是基层工作。不管我们工作所处的区位在哪里，要完成人生阅历积淀的规律不会变，无论是大城市还是在小地方，都要有扎根一线、扎根基层的思想和准备。没有这个准备，你就很难真正完成人生阅历的积淀。这些基层经历不只是我们人生当中的一种记忆，而更是可能给我们的成长带来知识和能力的积淀。我们也有一些熟悉的人在国家部委工作，若干年之后，他们和我们的区别是什么？区别就在于在一些具体问题的判断上，他们不具备我们的认识，因为他们没有经历过。我们和他们的差距是什么，差距就是眼界的不同，我们的眼睛始终盯着县、乡，他们是放眼世界、看全中国，但是我们的基层实践能力比他们强。当你往高处走的时候，要知道自己是否做好了充分的准备。如果准备不充分就往高处走，只不过是反复完成人生阅历的积淀，对于你的成长意义并不大。

把握住了以上三个要素，我们基本就可以找到合适的锚点了。

第二节 多积累一些答题点

在说话中，锚点就是我们打算说的几个方面，也就是要找的要点或者意群，就像写材料时的小标题。找到锚点，就知道这几句该说什么、下几句该说什么，再往下几句该说什么。这样，手中有粮、心中不慌，我们说话就有了底气，不再脑中空空了。

尤其是在紧急情况下，没有深入细致思考的时间，站起来就说，更需要找好代表锚点的要素，提前思考好说哪几个方面。

例如，参会时，如果带着早就准备好的稿子，到时候拿出来照本宣科，那自然不成问题。但情况是千变万化的，说不定本来没有安排你发言，在毫无准备的情况下，被点名谈一下看法；或者虽然准备了，但让你临场丢掉稿子，脱稿陈述；又或者 8 分钟的发言，让你 4 分钟说完。这些情况下，很多人会慌了手脚，心里一团乱麻，紧急之中毫无头绪，不知道从哪里开口。千钧一发之际，如果想起这个场景可以说的要点或者意群，做饭的米有了，思路也一下子清晰了。

机关讲话尤其是即兴发言，不管形式如何变化，总会用到下面这几个要点或者意群。

a. 称呼 + 问好：问候领导、参会人员，表达礼貌、礼节，也可以舒缓紧张。

b. 感谢或祝贺：表达谦逊态度，可以开场赢得大家的好感，很有作用。

c. 谦语：把调子定低，放低身段，塑造谦虚好学形象。

d. 感受：一方面，可以说对前面人员发言的感受；另一方面，也可以谈对会议主题的看法。

e. 肯定：肯定前面人员的发言，表明自己的认同表态。如果观点不同或者截然相反，也要先肯定一下他人，再从另一个“角度”提出异见。

f. 观点：用一两句话，提出自己的看法。这是发言的核心和主题。后面的论述都要以此为中心。

g. 回顾：按时间顺序找锚点，回顾过去的工作、成绩、场景，述说现在的情况、状态，为下面展望未来打基础。

h. 原因：按逻辑顺序找锚点，描述具体问题，剖析具体原因。

i. 对策：提出解决方案。

j. 表态：提口号，表决心，下一步该从哪几个方面着手加强工作。

k. 形势或上级：分析背景形势或者上级要求，为结合实际论述做准备。

l. 事例：列举工作实例或自身经历，回顾具体场景，论证自己的观点，使发言更有说服力、画面感。

m. 总结：对前面的发言观点再次进行重复，与开头呼应，加深听众的印象和理解。

n. 愿景：对今后提出展望、期望，让人无限憧憬，也是给与会人员提出要求、产生共鸣。

o. 祝福：最后表达感谢，送上“祝大家身体健康”之类的祝福，结束自己的发言。

p. 其他：根据情况，可以加上自我介绍、思想认识、提问设问等，让发言更生动、更活泼，更拉近距离。

遇到临时发言，我们可以根据会议类型、会议场合，在脑海里迅速寻找模块或意群，进行排列组合。就像写材料，有了立意，有了总体框架结构，有了锚点、层次，再往下就是把段落像堆积木一样堆积起来。例如：

参加一个座谈会，主持人临时提出，让按座次顺序一个一个地轮流发言。马上就要轮到你了，你越来越紧张。别人一开始发言，你就要迅速整理思路，从上面罗列的模块中，找出适合这个会议场景的公式，套用过来。

这时候，当然要用到前面提到的“凤头、猪肚、豹尾”这个宝盒了。开头几句话至关重要，从上面的模块中选出“问好、肯定、谦语”；中间部分，会议是座谈交流会，主题是黄河流域生态保护发展，可以选择“上级、观点、表态”这个模块；结尾部分，则可以选用“总结、愿景”的模块。

开头部分：

尊敬的刘主任，各位同事，大家好！刚才听了大家的发言，感受很深。尤其是田处长谈到的“生态保护与高质量发展并重”的观点，对我启发很大。下面，我结合自己的思考，汇报一下我们的工作。

中间部分：

习近平总书记2019年在专题座谈会上指出，“治理黄河，重在保护，要在治理”，并提出了四点明确要求。贯彻落实总书记重要讲话精神，是当前和今后我市的一项重要工作。（上级精神）

具体到我市来说，我市作为全省9个核心区之一，在这项工作中全力以赴、先行先试、作出特色。

一是坚持产业生态化、生态产业化……

二是实现产业数字化、数字产业化……

三是推动产业文化化、文化产业化……（自身工作）

我们虽然取得了一定成绩，但与上级要求比，与兄弟城市比，还有不小的差距。今后，我们将全面贯彻落实总书记要求，对标先进城市，奋勇当先，推动这项工作取得新进步。（表态）

结尾部分：

以上是我的发言，不当之处请批评指正。谢谢大家。

看，是不是有了这些要素，我们就可以随心所欲拿来就用了？

当然，要背下这么多要素很难，说话是实操性很强的活，就像吃饭一样自然，我们在实际运用中要具体问题具体分析。

第三节　用发言公式给找到的答题点排好序

通过前一节，我们积累了很多答题点，想到了某个话题在这个场合下可以从哪几个方面去说，但这时候脑中的答题点可能还只是散乱无序的珍珠，没有串联起来。发言就像一直前行的流水，不会逆流、返流，摆弄好这些锚点的先后顺序非常重要。这些锚点先说哪个、再说哪个、最后说哪个，也是有讲究的。就像航船预设了 A、B、C 三个锚点，是按 A、B、C 还是 B、C、A 还是 C、A、B 停靠，效果大不相同。

我们经常听到有些人讲话，顺序没思考好、排列好，说完第一、第二、第三点，又回头再说第一点，成了车轱辘话，翻来覆去地围绕一个点说，在原地转圈圈。他自己迷糊，听众更迷糊。

所以，要把它们用公式排列组合起来，才可以流畅顺利地完成发言。如前面那位组织部部长，找到了四个方面的锚点，“引才、爱才、育才、用才”，它们之间就遵循了一定的逻辑顺序，是不能随意调整打乱的。

正如写材料讲究逻辑层次，发言的锚点，也是讲究层次先后逻辑关系的。这就需要对锚点通过特定的公式进行合理排序，以更符合发言的逻辑。当遇到现场讲话，脑中一团乱麻，急得冒汗的时候，想想用下面的公式，一定能打开思路。

⊙ 其一，试试“问元芳”公式

问题、原因、方法，也就是常说的“是什么（What）、为什么（Why）、怎么办（How）”，这个顺序在讲话发言中经常使用。机关要开展工作、处理问题，任何一项工作或问题，都可以用“发现问题（是什么）—分析问题（为什么）—解决问题（怎么办）”这个顺序去解答。

这一逻辑层次，契合了哲学上的世界观、认识论、方法论。首先，分析当前的工作或问题是什么，让大家了解工作、看清问题；其次，分析为什么要开展这项工作、解决这个问题；最后，再提出措施方法路径。实践证明，这是最容易被领导和听众接受的思维顺序。

例如，某市委书记在讲到新质生产力时谈了三个层次：

1. 发展新质生产力，根本要求是什么？
2. 发展新质生产力，我市能干什么？
3. 发展新质生产力，我市要怎么干？

⊙ 其二，试试“昨今明”公式

时间顺序，即昨天、今天、明天和过去、现在、将来。汇报一项工作，可以从准备工作做了什么，开展过程中遇到了什么问题，怎么解决的，最后得到什么样的收获。这样，准备工作、开展过程、效果如何、今后打算，就是逻辑严谨的时间顺序。

例如，习近平总书记在庆祝中国共产党成立 100 周年大会上的讲话，回顾了党的奋斗历程：为了实现中华民族伟大复兴，中国共产党带领中国人民——

1. 创造了新民主主义革命的伟大成就；
2. 创造了社会主义革命和建设的伟大成就；
3. 创造了改革开放和社会主义现代化建设的伟大成就；
4. 创造了新时代中国特色社会主义的伟大成就。

⊙ 其三，试试“赶过猪”公式

感恩感谢、回顾过往、祝福未来，是即兴发言的惯用公式，一般用在总结发言或离职讲话中。当然，也可以自由搭配，如祝贺 + 感谢 + 希望、回顾 + 感谢 + 表态等。在这类场景中，表达出这几个情感是人之常情，最容易被人接受。“感谢”虽然在发言中很常用，但仍然很实用，堪称万能开场白。

需要注意的是，这个场景最好不泛泛而谈，回顾时最好用上具体事例，讲个故事，这样可以更吸引听众注意力，让发言更显真诚。“祝福”里可以表达祝愿，也可以表态，表达决心意志。如：

在即将离开这个熟悉的岗位，踏上新征程的时刻，我想向大家表达我最真挚的感谢和最深沉的敬意。感谢在座的各位领导一直以来对我的关心和支持，感谢各位同事对我工作和生活的帮助，让我这三年当中收获满满当当。

回首过去，我在这里度过了人生中最难忘的时光。这里不仅是我工作的舞台，更是我成长的摇篮。在这里，我得到了各位领导的悉心指导和栽培，与各位同事并肩作战，共同为单位的发展贡献力量。我们共同经历了风风雨雨，也共同收获了成功的喜悦，点点滴滴，令我感动。

尽管即将离开，但我的心永远与这里相连。我相信，无论走到哪里，我们的心都会紧紧相连，我将永远铭记这里的一切，也将带着这里的美好回忆和宝贵经验，在新的岗位上继续前行。最后，祝大家事业蒸蒸日上！

⊙ 其四，试试“形问策”公式

当前形势、存在问题、办法对策，这是针对工作进展情况的即兴发言公式，当然，也有的根据需要，用上级要求、自身实际、表态决心等公式。按递进顺序找锚点，上级是怎么要求的，自己是怎么落实的，下一步该从哪几个方面着手加强工作。形势任务或上级要求作为发言背景，引入话题；结合存在问题和自身实际，引申话题；对策或表态作为发言的结论。

讲对策的时候，不能用空话、套话，要针对领导关心关注的重点任务、重要节点，投其所好、对症下药，列出“一、二、三”条目，具体细致谈出来，更容易得到认可。例如，某市教育局工作人员接受电视台采访，谈学习党的二十届三中全会精神的体会：

党的二十届三中全会强调，教育是中国式现代化的基础性、战略性支撑。这次全会为深化教育综合改革提供了行动纲领，明确了任务目标。下一步围绕社会关注的热点、制约发展的难点、质量提升的重点，我市教育将坚持先行先试、攻坚克难，以教育评价改革为总牵引，全面实施教育高质量发展三年行动，落实立德树人的根本任务，统筹推进育人方式、办学模式、管理体制和保障机制改革，以行动和实绩回应群众对美好生活的向往，为中国式现代化提供坚实的人才保障和智力支撑。

⊙ 其五，试试“看听想”公式

看到、听到、想到，这个公式适用于比较随意的街采模式，类似于兜底性公式。有些会议场合，本来没安排你发言，在毫无准备的情况下突然被叫起来谈谈感受。如果感觉自己对会议主题比较陌生，担心说外行话，且大脑一片空白，一时间找不到切入口，那这个公式就能解你燃眉之急。

就像小学生写作文，先写眼睛里看到的，再写耳朵里听到的，最后写由此得到的感受，各种感官直觉一起上，外围之后，进入感想感受，从感受中提炼观点，还真能说出一段。如：

> 对我而言，这次党史学习教育是一次深刻的思想洗礼和精神滋养。回顾党的历史，我看到了中国共产党在艰难曲折中奋斗、壮大的光辉历程，感受到了党领导人民取得伟大成就的磅礴力量。我深刻认识到，党的历史是一部生动的教科书，蕴含着丰富的智慧和力量。党在革命、建设、改革各个历史时期所积累的宝贵经验，为我们提供了解决现实问题的钥匙。党的优良传统和作风，是我们不断前进的强大动力。同时，我也深刻体会到，学习党的历史不仅是为了了解过去，更是为了更好地面向未来。只有深刻铭记党的历史，我们才能更加坚定地信仰党的理论和路线方针政策，更加自觉地践行党的宗旨和使命。今后我将以党的历史为镜，不断汲取智慧和力量，将学习成果转化为解决实际问题的能力。

当然，实践中发言是丰富多彩的万花筒，这里只是列举几个常用公式，以启发思路，还有更多的表达方式，无法一一列举，需要我们多探索、多尝试、多体会。

第四节 把开场白说好，就成功了一半

一个发言或讲话，能不能引人入胜、先声夺人，开场白的作用不可小觑，威力巨大。领导和听众对一个人的第一印象，就在于开头的三五句话上。

心理学研究表明，人的专注力往往在最开始的几十秒内是最集中的。当一个人开始发言时，大家都会抬头盯着他，看他的外表、姿势，看他的仪态、手势、表情，听他前几句话说什么，有什么新观点，如果开头讲得吸引人，听众会继续听下去；如果了无新意，听众就会埋头做自己的事情。所以，这时候也是发言人最紧张的时刻。

开场白是一个讲话思路的起点，能总领整个讲话，起着定调、定向的作用。从开场白中，领导和听众很容易就能分辨一个人的思路、口才、涵养、性格等。所以能否做好开场白，关系整个发言的成败，关系个人形象的打造，甚至关系个人威望的树立。

前面我们谈到，和写材料一样，发言的开场白要做成“凤头”。作为百鸟之首的凤凰，它的头部，自然非同寻常，至少需要满足两个条件：一是要小，开场白应该简明扼要，迅速进入主题，不能拖泥带水；二是要美，开场白要好看好听、动人抓人、引人入胜。也就是人们常说的“开场要抓人”。

机关发言的场景不同，开场白有不同的表现形式，既可以是一个句子，也可以是一段话。不管哪一种，都要打磨得足够好，足够出彩。

⊙ 其一，讲话稿的开场白

这种场景最为常见。机关最常见的工作方式就是开会，开会就要有领导讲话，领导讲话就要有讲话稿。有关讲话稿的写作方法我们在《教你坐下来能写》中做过介绍。这里主要介绍领导讲话的开场白：

1. 可以用点题式：开门见山，点明会议的主题，直接阐明目的任务。

我们这次会议的主题是，深入传达贯彻全省××会议精神，总结回顾上一阶段工作成效，就如何谋划下一阶段工作，推动××工作转型升级和高质量发展，进行统筹部署。

2. 可以用依据式：说明会议的由来，阐述有关背景，交代来龙去脉。

根据市委有关扫黑除恶专项斗争的工作部署，为了深入推进工作开展，维护社会稳定，保障改革开放和经济建设顺利进行，经县委同意，召开这次全县政法工作会议。

3. 可以用归纳式：概括会议的性质或特点，阐释重要意义，统一思想、提高认识。

今天召开会议，主要有三个方面考虑：一是确立一个导向，就是……二是传递一个信号，就是……三是发出一个动员，就是……刚才，传达了××工作会议精神，借此机会，我讲三点意见。

⊙ 其二，演讲的开场白

演讲的开场多种多样，可以用问候式开场与听众拉近距离，可以用点题式开场取得听众信任，可以用回忆式开场建立情感关联，可以用排比式开场增强演讲气势等。关于演讲的相关书籍、公众号很多，从不同角度介绍了演讲的技巧，这里我们仅介绍机关演讲常见的三种开场白。

1. 以故事开场：讲故事，是演讲不可或缺的好办法。根据演讲的主题和时间安排，找一个切入点，用一个小故事作为开头，讲述一个与主题相关的简短而生动的故事，能够迅速吸引听众注意力，引起情感共鸣和兴趣。

1985 年我第一次访问美国，就是从旧金山入境，我对美国的第一印象来自旧金山，至今还保存着一张在金门大桥的留影。

2. 以诗词名句开场：恰当引用经典的名言或警句来奠定基调，在致辞或宣介活动中经常会用到。

五月南风兴，思君不见君。非常高兴在这生机盎然、万物勃发的初夏时节，在全国旅游发展大会召开、中国旅游日到来之际，来到“天天乐道、津津有味”的津门，见到各位新老朋友，一道参加 2024“多彩贵州”夏季文旅推广暨招商推介会。

3. 单刀直入开场：如果话题比较新颖，不妨一刀直入主题，不云里雾里，避免寒暄和啰唆的引子，这样节约大家的宝贵时间，又可以牢牢抓住听众的注意力。

今天和大家交流两个字：创新！

⊙ 其三，即兴发言的开场白

这是最没有定法、也最考验水平的发言开头。即兴发言，事先没做准备或准备不充分，考验一个人快速组织语言的能力。比起前面有备而来的讲话、演讲，即兴发言有更多不确定性。它的开场白就像走钢丝，稍不注意就会掉进深渊。所以一定要慎之又慎。

总的原则是，有敏锐的观察力，头脑快速反应，第一时间确定要说的话题，确定想说的观点，确定想说的框架，之后进行发散思维，找到开头想说的几句话。只要开了头，紧张的心情会缓缓安定下来，就可以流畅地说下来了。

1. 问候＋自我介绍法：这是最保险、最稳妥的方法。上一节我们谈到发言模块或意群时，提到了“称呼＋问候、感谢、谦语”，就是即兴发言开场最常用的办法。在互不熟悉的场合，还可以加上自我介绍，也可以加上认同其他人的发言之类的话语，表达自己虚心学习的态度。

各位领导，大家好。我是来自教育局的×××。感谢市委领导对我们青年同志的关心和重视，非常高兴能有这次机会与全市青年同志一起学习、交流，一起分享工作感悟。听完刚才××和××两位同志的发言，启发很大、感触很深。下面结合自身工作谈一谈我的体会。

2. 提出问题法：即兴发言的场合一般都是小型的座谈交流，观点不一致的情况很多。可以通过提出问题，吸引大家的思考和注意，从而让自己的话题进行下去。

今天，我们召开干部队伍建设座谈会，非常及时，很有必要。总的看，当前，我县干部队伍总体是好的，多数干部在强县建设各条战线上，在经济建设、脱贫攻坚、乡村振兴、抗洪救灾等重大工作中，冲锋在前、勇挑重担，为我县经济社会发展付出了艰苦努力，作出了积极贡献，广大干部的素质能力也在实践中得到淬炼提升。但同时，也要看到一些不容忽视的问题，比如有的干部政治敏锐性不够、政治能力不强，有的干部不同程度存在能力不足、“本领恐慌”，有的干部缺乏主动担当精神；有些干部还存在一些短板弱项，概括起来就是“五多五少”，也就是“计较多、奉献少；意见多、措施少；浮躁多、实干少；请求多、注意少；事务多、学习少”。下面，围绕打造一支担当干事、作风过硬的队伍，我同大家交流四个方面的看法。

3. 借题发挥法：相声里面有一个词叫“现挂”，现挂就是借景发挥，现场抓包袱，拿现场的某一个能够吸引人的细节，当作话题来开场。现挂是最容易拉近与现场人距离的，所以我们即兴发言开场时，也可以使用这种思路。可以通过借题发挥、借人发挥、借物发挥、借事发挥、借景发挥等来开场，增强和听众的共鸣。

昨天下午，大家实地观摩了××的几个村。窥一斑而知全豹，相信大家都有不少感想和收获，我看了后感觉有亮点、有特色、有内涵，这几年在乡村建设上确实力度大、举措实、效果好，可圈可点、有声有色，探索了不少好的做法、好的经验。今天会上发言的几个市州和县区讲得也都很好，讲明了方向，讲清了措施，关键是讲出了信心。下面，讲四个方面的意见。

开场白最忌讳的：一是过于冗长；二是不够真诚；三是过于谦虚或跟听众要掌声。这些都需要在发言中避免。

第五节 结尾：编筐编篓，难在收口

机关很多人有这样的经历，自己紧张地完成了一次发言，刚松一口气，却被主持人追问：“发言完了？还有补充吗？”感觉非常尴尬。

按说，发言结束，主持人和听众应该知道啊，怎么还会这样？难道必须说“我的发言完了，谢谢大家”才行？

之所以会这样，一方面是不会结尾，没有掌握结尾技巧，另一方面是结尾太过仓促、突兀，缺少必要的过渡与暗示。就像宴请结束前会上水果拼盘，发言结束前，要有如“我要说的最后一点是”“结束前我再讲一个例子”之类的话进行预报。前面正说得慷慨激昂，一下子紧急刹车，草草收兵，有终于完成任务、期待赶紧下场的思想，难怪别人不理解了。

无论是讲话、演讲还是发言，结尾都是非常重要的。

古人说：“一篇之妙，在乎落句。”一个精彩的发言就像一部好看的影视作品，不但要有匠心独运的开场白，跌宕起伏、一波三折的主体内容，而且要有一个强有力的结尾，让听众产生“余音绕梁三日不绝”之感。前面我们说结尾要像“豹尾”，就是要短促、有力、虎虎生威，如同锦上添花，有让听众不听到“最后一段”不满足、不等到“最后一句”不罢休的效果。

好的发言结尾，至少起到以下三方面作用：一是总结概括观点，做到首尾呼应；二是深化主题思想，余味无穷；三是呼吁号召，喊出最高音，引发情感共鸣。

发言的场合不同，结尾的表现形式肯定有所不同。我们大致分为以下两种。

⊙ 其一，演讲、讲话的结尾

这类场合一般比较正式，需要引起大家的情感共鸣，结尾要掀起高潮，起到号召、鼓动、互动的作用。演讲者和讲话的领导，面对台下的听众，也要有一定的表演性质，所以有时候也会配有一定的姿势、手势。我们常见的方法如下。

一是用结尾号召。有人也称为鼓动式、展望式结尾。这类结尾最常见。结束时，用极富鼓动性的言辞，提希望，提要求，号召人们努力行动。或者是表明自己的立场和决心，坚定听众的信念，增强讲话的号召力。

同志们，百舸争流，奋楫者先。大困难需要大履职，大格局需要大担当。下半年工作更加艰巨，我们将以敢于自我革命、壮士断腕的决心和勇气，用不断自我调整、革新的示范引领，把各项任务指标以踏石留印、抓铁有痕的劲头抓下去，善始善终、善作善成，助推发展再上新台阶！

二是用结尾抒情。通过富有诗意的语言，表达对未来的美好愿景和期望，能够触动听众的情感，增强讲话的感染力。

最后，我代表 ×× 再次向大家送上祝福，青春不散场，归来仍少年！愿世间美好与你们环环相扣，愿这个夏天成为你们扬帆起航的追梦起点。祝同学们一路风景、一生芳华！祝各位老师、各位来宾桃李芬芳、幸福安康！

三是用结尾升华。结尾将主题提升到更高的层面，回应主旨，升华全文，引发更深入的思考。

讲到这里，我想起宋朝的范仲淹，他在《岳阳楼记》中写有这样两句话："居庙堂之高则忧其民，处江湖之远则忧其君。"这两句话对我们做好信访工作也有很好的启示。我们各级基层干部对群众而言，身居机关"庙堂"；对上级、对党、对国家而言，则身居基层"江湖"。封建时代的范仲淹尚能"忧其民""忧其君"，我们共产党的领导干部更应该抱着对上负责和对下负责的高度统一的态度，保一方平安，富一方百姓，把信访工作搞扎实、搞好。

四是用结尾寄语。以简单的几句话作为寄语，对听众寄予希望和要求。避免与号召式、鼓动式结尾雷同，减少扯破嗓子的空喊口号，杜绝俗套。

短短 5 天的考察圆满结束了，时间虽短，但收获颇丰。位于广州的埔校，有一副于先生写的对联"登高望远海，立马定中原"，可以作为这次考察的总结。我们学先进、找差距，登高望远海，视野更开阔；我们建设质量强省、打造质监强局，立马定中原，信心更坚定。只要我们以这次学习考察为契机，进一步解放思想，改革创新，就一定能缩小差距、赶超发展！

⊙ 其二，一般发言的结尾

这类场合比较随意，只是阐述解释自己的观点，发表自己的见解，不需要掀起高潮，不用号召、鼓动。会议或者聚会的场景通常比较小，对情感共鸣也没有那么迫切，只要流畅、清晰、平和、情真意切地把话讲完就可以了。可以使用我们前面提到的“总结、愿景、祝福、再见”模块。常见的方法如下。

一是以总结结尾。在讲完了若干观点后，在结尾处用概括性的语言对前面讲的内容进行一次“总结陈词”，收拢全篇，以结论的语气加重内容的分量，强调主题、突出重点，以给听众留下深刻的印象。

总之，改革才有出路，改革才能加快发展；不改革，就无法摆脱困境，就只能是死路一条。因此，我们一定要以更大的气魄、更大的决心和更有效的措施推进改革大业，掀起新一轮以改革促发展的热潮。以上就是我发言的内容。谢谢大家。

二是以祝愿结尾。结尾发自内心地送上祝福、感谢，体现出发言人的涵养和礼节，最容易牵动他人的情感，营造一种愉快、热情的气氛，更利于相互沟通和交流。

我的发言完毕，不当之处，敬请各位领导批评指正。非常感谢领导搭建的这个交流平台，让我们有机会畅所欲言。最后，祝各位领导身体健康、万事如意！

三是以自谦结尾。以谦虚的话语表明自己虚心学习的姿态，在上级领导和其他同人面前，可以显得更有胸怀、更有格局。

求其上上者得其上。我们虽然取得了一定的成绩，但与上级要求比，与兄弟城市比，还有不小的差距。今后，我们将聚焦赵乐际委员长提出的“推动人大工作高质量发展”，对标先进城市，履职尽责、担当作为，推动人大工作取得新进步、迈上新台阶。

四是以建议结尾。向听会的人适当地提出建议，当然这种建议不宜多，也不宜过高。

最后，借此机会给领导提个建议。建议在全市层面出台政策、制定措施、综合施策，拓宽优秀年轻干部的进入、培养、交流、使用渠道，通过释放编制、增加职数，选调优秀年轻干部到市里挂职、锻炼、工作、任职等方式，拓宽渠道，盘活资源，促进优秀年轻干部更快地脱颖而出、成长成才。谢谢大家。

五是以表态结尾。结尾再次阐述工作的重要意义，表明自己的态度和观点，展现坚定决心和毅力。

做好这项工作，对我们的长远发展有着至关重要的意义。作为新一届领导班子的“班长”，我将一如既往、毫无保留地奉献自己的热情和力量，与大家同舟共济、肝胆相照，抓紧每一天、干好每件事，奋力谱写 ×× 高质量发展的新篇章。同时，也真诚希望大家能够继续支持我、帮助我、监督我。

发言结尾最忌讳的：一是过于仓促，戛然而止；二是过于漫长，该刹不刹；三是节外生枝，没有呼应；四是空喊口号，缺乏共鸣。这些也需要在发言中避免。

本章小结

- 掌握发言公式
  - 讲话要会找点
    - 弄清为什么讲
    - 弄清在哪里讲
    - 弄清对谁讲
  - 积累讲话锚点
    - 开头：问候、感谢、谦语等
    - 中间：观点、回顾、对策、表态等
    - 结尾：总结、愿景、祝福等
  - 套用发言公式
    - 问元芳：问题＋原因＋方法
    - 昨今明：过去＋现在＋将来
    - 赶过猪：感谢＋过往＋祝福
    - 形问策：形势＋问题＋对策
    - 看听想：看到＋听到＋想到
  - 如何开场
    - 讲话
      - 点题式
      - 依据式
      - 归纳式
    - 演讲
      - 以故事开场
      - 诗词名句开场
      - 单刀直入开场
    - 即兴
      - 自我介绍法
      - 提出问题法
      - 借题发挥法
  - 如何结尾
    - 演讲、讲话结尾
      - 号召
      - 抒情
      - 升华
      - 寄语
    - 一般发言结尾
      - 总结
      - 祝愿
      - 自谦
      - 建议
      - 表态

PART

进 阶 篇

第六章

这样讲话让人更爱听

第一节 为什么有些讲话会催眠?

职场人员都参加过各种各样的会议，聆听过各种各样的领导讲话。有的讲话让人很爱听，听得津津有味，听下来简直是一种享受；有的则很是枯燥贫乏，犹如白开水一般无滋无味。

网上有这样一个段子：

> 某领导退休以后，每天晚上都失眠，看了医生，也吃了不少药，可效果都不明显，一天到晚萎靡不振。
>
> 有一天，他应邀参加一个报告会。回来后竟然一扫萎靡之态，精神饱满，红光满面，开心地说："真是怪了，以前躺在床上怎么都睡不着。今天一开会就犯困，没一会儿工夫就睡着了！"
>
> 从那以后，他托人录了一些会议讲话的音频，该睡觉的时候，只要戴上耳机，打开录音机，往床上一躺，很快就入梦了。
>
> 他的失眠问题解决了，可老伴却发起愁来："你是能睡着了，只是半夜经常坐起来鼓掌，这一惊一乍的，真是吓人啊！"

虽然是笑话，但可以看出人们对那些"催眠曲"式的讲话是多么厌烦！

有些人可能觉得很是冤枉：我的讲话稿，每次都是我和写作班子搜肠刮肚、精心构思、熬夜加班、反复修改，费了九牛二虎之力，花了半个月时间才搞定的。不敢说是一流文章，起码态度认真，异常辛苦，劳动成果至少应该尊重啊。

现实却令人警醒。

一些机关讲话为什么这么惹人厌烦？又为什么容易变成听众的“催眠曲”？

可以从讲话内容和讲话形式两方面分析。

⊙ 一方面，从内容上看

大家知道，无论是机关还是其他职场，无论是作文还是讲话，要想写的文稿读者爱看，做的讲话听众爱听，一个公认的标准就是“五有”，即言之有物、言之有序、言之有情、言之有理、言之有趣。

只要满足了“五有”，就达到了一篇好文章、一场好讲话的标准。

一些机关讲话之所以让人昏昏欲睡，连第一点“言之无物”都没有做到，只讲空话套话大道理，更不用说其他几个要素了，怎能让人爱听？

空话，就是说了等于白说、意义不大、起不了多少作用的话。这样的讲话，不切实际、不务实事，看起来滴水不漏、无懈可击，就是不能解决实际问题。

套话，就是套用现成的结构，复制粘贴原有的语言，用的都是万能模板。强调某项工作的意义，就是“重要性、迫切性、必要性”；强调加强组织领导，就是“一把手亲自抓负总责、列入重要议事日程、相关科室全力配合”，把某个会议的名称更换一下就可以通用。

空话套话，初看一枝花，细读豆腐渣，通篇慷慨陈词，实则陈词滥调，但讲了第一句就知道这一段，讲了开头就知道结尾。归根结底，就在于“言之无物”。

机关讲话，是有目的的。要么统一思想、要么部署任务、要么谋划发展，政治性、指令性强，要起到实际作用，讲出来就要贯彻执行。所以，讲话关系工作的部署、任务的落实、目标的实现、问题的解决。说了空话套话，没几个人听，工作推动不下去，任务落实不了，问题解决不了，这肯定与讲话内容有很大关系。

例如，市里要围绕绿色低碳可持续发展工作开一个动员会，会议程序很“严谨”，相关局长讲了，相关单位讲；副市长讲了，副书记讲；市长讲了、书记讲。满满一整天，讲的话大同小异，都会讲“意义重大”“齐心协力”“加强领导”，照搬中央省里的文件，大谈特谈必要性艰巨性长期性。不是说不能谈重要性，但一个会议那么多人说，听众耳朵都起了茧子，怎么能听得进去?

中央多次提出改进文风会风，其中一个很重要的方面就是要改进话风。话风实了、好了，文风会风自然会随之好转。作为个人来说，讲话时只要做到“言之有物”，少些空话套话，自然会有人听。

⊙ 另一方面，从形式上看

讲话除了和内容有关，也和讲话的人有关——毕竟一个沉闷无趣的人，讲话很难让人提起兴致来。有些领导不太注意讲话的形式，也容易让人感觉乏味。

有的领导讲话，照本宣科念稿子。如果领导讲话过程中只是读稿子，不会脱稿讲上几句、发挥几句，不能结合实际谈几个具体问题，那么不管你在主席台还是面对面，会自然而然地拒听众于千里之外，物理的距离掩盖不了心理的隔膜。领导只会读稿，不会“讲”话，听众受不到尊重，自己聚精会神地听讲得不到讲话人的反馈，自然会逐渐失去兴趣。领导脱稿讲话非常重要，后面我们还会专门叙述。

有的领导讲话，闷头讲话不抬头。有的领导，可能过于孤傲，也可能过于拘谨，还可能因为怯场，整个讲话过程中，从上台到结束，从开口到闭口，一直闷头讲，就像自言自语，眼睛和听众从来没有交流，甚至不敢抬头看台下，即便看了也只是虚幻眼神横扫一下，一个人也没看清，就赶紧埋下头继续读稿。这样，听众同样得不到尊重和反馈，自然也会开小差。

有的领导讲话，自始至终一个调。讲话从始至终都是一个声调、一个声音，所以有人把此类音频作为自己的催眠曲。如果领导讲话，总是以一种平淡单调的方式讲话，没有轻重、高低、快慢、停顿等变化，听起来好像在喝一杯温暾暾的白开水，时间一长，自然让人乏味。除了一些重大场合，需要严肃庄重，其他场合讲话应该根据内容要求，或严肃、或严谨、或调侃、或轻松，声调有高有低。抑扬顿挫，有问有答，才能活跃听众耳目，防止走神。

有的领导讲话，正襟危坐像木偶。有些领导，只要一坐在那里，就纹丝不动，始终保持一种状态，僵硬呆板，面无表情，目光冷峻，令人不寒而栗，还没开口就把自己放在了高高在上的位置。这样自然很难调动听众参与的积极性，让听众感觉那只是一台会发声的机器，像是手机上设置的自动朗读模式，让人提不起精神，更缺乏参与的兴致。

可见，讲话成了催眠曲，既有内容原因，也有形式原因，经常讲话的人，要联系自身实际，注意避免。

第二节 一切以听众为中心

机关讲话要让人爱听，除了上面的“五有”，还有一个重要层面，就是“言之有人”。

前面我们说到准备讲话要搞清三个方面：我代表谁讲？我在哪里讲？我要对谁讲？“我要对谁讲”，就是要明确听众是谁，他们是什么身份，他们关注什么，他们想听什么，他们想从我的讲话里得到什么。

这就是“言之有人”。

有人觉得，这还用说吗？讲话肯定要看对象的啊。

但事实上，机关不少领导，在“言之有人”方面做得不够好甚至不及格。他们有的妄自尊大，高高在上，认为“我是领导，我讲什么你们听什么”“我怎么部署，你们怎么干”；有的不愿动脑，不想思考，拿起稿子念完拉倒，下面谁是听众都一样；有的也想说些听众想听的话，却因为长期脱离群众，不知道群众所思所想、所期所盼，总是官腔官调，文不对题、答非所问；有的虽然知道听众所想所盼，却不知道怎么回答、如何解决，口中虽有千言，胸中实无一策，只能顾左右而言他，故意绕开避而不谈；等等。

这些表现，有的是态度问题，有的是作风问题，有的是能力问题。表现都是一样的，讲话时“以自我为中心”，没有做到“以听众为中心”，缺乏同理心，不能和听众同频共振，没有和听众情感共鸣，难以让听众有身临其境的代入感。

简言之，这还是“言之无情”的表现，对听众缺乏实实在在的感情。

例如，有的领导到基层社区宣讲会议精神，把市委书记给全市领导班子传达的稿子要过来，一字不落地念了一遍。固然站位很高、政治准确，但参加会议的几十个大爷大妈却听得索然无味。这就是没有“以听众为中心”，如果领导能抓住基层群众关心的医保、养老等问题，结合会议精神作一番解读，听众肯定会听得进、坐得住。

可见，“言之无人”，更多的是思想认识问题，思想上没有尊重听众，行动不想理解群众，甚至主动脱离听众。要想做到讲话有吸引力、有感染力、有说服力，可以从以下三个方面尝试。

⊙ 其一，降低姿态，平等对待

有的领导觉得，部署性讲话具有约束性、命令性、强制性，没有必要看下级脸色和心情，不能平等看待听众。

下级固然要落实任务，但理解着干和不理解着干，被动干和主动干，结果肯定有很大差异。如果讲话能做到以理服人，让下级开开心心创造性地落实工作，效果肯定会更好。

而且，现在听众教育程度比较高，民主法治意识比较强，听过你这么几次讲话，就懒得去听了。

⊙ 其二，换位思考，感同身受

讲话要看听众，看他们对什么样的话题感兴趣，在此基础上，按需供给、投其所好，让讲者与听者在同一个频道上，这样才能引人入胜。尤其是，人的情感是互通的，机关讲话如果能做到感同身受，用自己的感受体味别人的感受，一定是一个很好的讲话。

有些领导讲话，拿起稿子，不管不顾闷头就念，念完了也不知道下面坐的人是谁，效果肯定一般。县委书记面对机关干部讲话、面对基层群众讲话、面对市委书记讲话，即便都是讲发展这个主题，角度、语气、措辞等也是不一样的。要先换位思考：如果我作为听众去参会，我想听这个领导讲什么？自己都觉得枯燥乏味不想听的内容，就不要再讲给别人了。

某市委书记在青年干部座谈会上讲话，就和听众进行了换位思考：

> 刚才，大家谈了很多体会，讲得朴实而丰富、鲜活而深刻，深受感染和启示。我也是从青年时代过来的，也有过和大家现在一样普遍的担心和焦虑：一是虽说是金子总是发光的，但何时才能真正闪光心里没底，担心自己被领导忽略、被组织遗忘；二是虽说自己很专业，但又担心在一个岗位上过于专业，得不到多岗位锻炼，综合能力得不到提升；三是虽说有一定工作能力，但在提拔重用方面，自己没关系没背景，前景很渺茫。下面，我结合自己的经历和体会，就这几个问题，以及青年干部如何更好成长和发展同大家交流三个方面的想法。

一开场就通过换位提出青年干部最关心、最想解决的问题，听众自然很想听下去。

⊙ 其三，抓住感点，挠到痒处

机关讲话，要想提高效果，先要搞清讲话的本质。领导讲话，绝不是自导自演、自娱自乐、自我陶醉，而是要给听众他们想得到的东西。或者提高了见识、扩大了视野，或者学到了方法、掌握了技巧，或者明确了任务、把握了目标，或者得到了情绪释放、心理疏导等，都是给听众输送了有效的价值，认识上得到启发、情绪上受到感染、思想上受到触动、对工作有具体指导作用。也就是说要有“用”，他们才有可能认真去听。

因此，机关讲话要尽量找准、抓住听众的“感点”，调动听众的情绪，启发让听众和你情感共振、思想共鸣、好处共享、风险共担，讲得入情入理，听众才能入脑入心。尽管每个人的需求不一样，但只要有触动、有收获，他们自然会各取所需。

例如，某领导在关工委工作会议上的讲话：

> 我体会，关工委工作要整合资源、凝聚合力，最重要的是用好“两字诀”：一个是“带”，主要靠党委带、党建带。要切实增强带的意识，找准带的抓手，改进带的方式，完善带的机制，真正做到以带促建、以带促管、以带促作用发挥。另一个是“联”，就是要加强横向联系，推动实现工作联动、阵地联建、活动联办、资源联用、品牌联创。

这一段讲话，既总结规律又有具体目标，对下级工作有很好的启发启迪和指导推动作用，自然会让人收获很大。

当然，我们说“一切以听众为中心”，尊重听众、理解听众，绝不是无底线地讨好听众、无原则地谄媚听众，不该说的乱说，不该承诺的乱承诺。机关该有的严肃庄重必须有，这样才能保证机关工作的有序运转。

第三节　越口语化，越平易近人

前面说过，机关讲话因场合不同，风格也不同。

像党代会、人代会、大型纪念活动等，要用严肃庄重、严谨规范的语言，以展示权威、庄严、自信、有力，起到强调、号召作用。而在一些座谈、鼓动、劝导型的场合，可以多用些口语化的语言，以深入浅出、生动鲜活的语言循循善诱，以理服人，让听众喜闻乐听、容易接受。

我们知道，书面语言追求严谨、周密、文雅，让文章主题明确、结构严谨、文采灿然；口头语言追求简洁、活泼、自然，可以使讲话通俗易懂，更接地气，便于领会，有亲切感。

写材料不易，很多讲话稿要经过认真构思、反复打磨，加班加点，费了很多心血。要考虑主题、架构、层次、语言，往往满篇四六句、排比句，对仗工整，思维缜密，有些确实称得上是一篇绝妙好文。但不得不说，不少讲话稿用的是书面语言，在很多场合，用来阅读和书面汇报可能效果会更好。

而讲话要直接面对听众，听众是用耳朵“听”会，而不是用眼睛“看”会，他们期待的是平白浅显的口语。两者的心理期待出了差别，自然会有各方面的落差。一些机关讲话让人不爱听，就是因为没有区分开书面语言与口头语言，过于讲究文采、生涩高深，让人听不进去。

只有分清场合，处理好书面语言和口头语言的关系，领导讲起来才“上口”“顺嘴”，听众听起来才“入耳”“入心”。这样不仅听众爱听，也能更好地推动工作。

机关讲话，要怎么做到口语化呢？

⊙ 其一，多讲一听就懂的白话

机关有机关的话语体系，群众有自身的说话圈子。在机关里，我们常接触的“绿色低碳”“四轮驱动”“三驾马车”等，不经常接触的人不一定了解。

语言来自生活，群众是真正的语言大师。群众在生产生活实践中创造出了许多顺口溜、谚语等，带着鲜活的生活气息，通俗易懂，表现力强。如果能恰到好处地用出来，会让讲话更接地气。

习近平总书记经常用通俗易懂、生动朴实的话语来阐述深刻的道理。比如，他用“国家好、民族好、大家才会好”来说明个人前途命运与国家民族前途命运紧密相连；用“缺钙”“软骨病”比喻理想信念缺失；用“墙头草”“推拉门”描述干部中的好人主义。谈坚定“四个自信”，说“鞋子合不合脚，自己穿着才知道”；谈青年要毫不懈怠地努力奋斗，说“行百里者半九十”；谈加强基层基础工作，说“基础不牢，地动山摇”；等等。完全是口语化的群众语言，一听就懂。

又如，某市委书记在一次讲话时，用群众中流传的“顺口溜”来谈民生：

> 我听说现在有一句流传很广的顺口溜，是这样说的：“生不起，剖腹一刀一万几；读不起，选个学校三万起；住不起，两万多元一平方米；娶不起，没房没车谁跟你；病不起，药费让人脱层皮；死不起，火化下葬三万几。”这句顺口溜可能不够准确全面，但也说明我们部分老百姓的生活压力还是很大的。我们只有不断发展经济，提高居民收入，才能解决这些问题。

把问题说得深刻而不深奥，给参会人员留下了深刻而难忘的印象。

⊙ 其二，多说逻辑简单的短话

机关很多讲话，为了显示逻辑严密、思维周全、水平高深、起承转合严丝合缝，往往用长句、复句，一个句子三五行，才说完整。这样，领导读起来憋得难受，听众听起来也不明所以，思考半天才回过神来。好的讲话，要尽量简短、明快，该断开的时候就断开，该喘气就要喘气，不能憋得满脸通红。

西安交大原校长王树国讲话，常用短句说明道理：

人的一生不能没有情怀，什么是最大的情怀？家国情怀。这个话题我讲过若干次，为什么今天我还要讲？因为家国情怀是支撑一个人一生事业之基础，没有这个情怀，任何一个个体都难以成大事；没有这个情怀，你无法在人生的道路上一路走得顺畅；没有这个情怀，你将会失去灵魂，茫然无所应对，不知人生的方向在哪里。大家说，老师，你说的情怀离我们太遥远了，太“高大上”了，我们如何体会这种情怀？践行这种情怀？实际上，情怀就在我们身边，我们的老一辈，从黄浦江畔来到渭水之滨，他们为了什么？为了这个国家，为了这个民族，他们就在你们身边，他们为此而奉献了自己的一生，舍弃了很多东西，而只是因为我是老师、是民族一分子，我应该在这个岗位上为国培育更多的人才，仅此而已，这是一份伟大的情怀。

没有卖弄学问，更没有满口定义概念，而是把高深的道理，用口语化的短句表达出来，深入浅出，生动明了，让人易于接受，讲得明白流畅、简单透彻。看似简单质朴，实则功底深厚，说得很随性，听得也会更明白。

⊙ 其三，多谈带着露水的新话

“话说三遍淡如水，再说三遍驴打嘴”。机关工作的性质，导致讲话很容易重复，经常说些老话、旧话。一个讲稿用了好几年，一个观点说了很多遍，一个例子讲了好几次，老生常谈、老调重弹，在机关很常见。

当然这样讲话也没有错，毕竟谁也不可能天天爆出新点子，实在没有可讲的，也只能这样去讲。但作为新时代的干部，要努力在讲出新意上下功夫，如果做不到主题创新、思路创新、举措创新，那就用新表述、新语言来弥补，而不能沉浸在老话旧话里面不思进取。老百姓都听腻的话，你再拿出来说，肯定会让人不爱听。

某领导在给党校学员开班动员时讲道：

> 有的人把名和利看得太重，这是没有格局的表现。我看，淡泊名利并不玄奥高远，只需把握三点：一是“上楼梯”，就是要有上楼梯排队的心态，稳扎稳打，不能好高骛远，想着一步登天。二是“不挑食”，每一个岗位都是一次学习的机会、一次锻炼的平台，都是一种积累，不要挑三拣四，要做到厚积薄发。三是“不求全”。曾国藩写的“万卷藏书宜子弟”，“宜”字不出头，没有上面一点，为什么？求缺不求全。每个人都要有理性思维，人生太顺的时候不能得意忘形，月满则亏，人满则损。

用三个比喻把名利解读得很有新意，这样讲，学员肯定听得进去。

机关干部要多向群众学习、向生活学习，平时注意多收集和整理，多用脑思考，在讲话时就能信手拈来，提高讲话的表现力。

当然，我们说的口语化，并不是日常聊天的大白话。如果讲话里全是“嗯、啊、嘛、啦”之类的语气词，也不符合机关工作要求。我们一定要把握好其中的分寸、尺度。

第四节 到什么山上唱什么歌

机关讲话场合非常多，有正式场合，也有非正式场合，还有更多介于两者之间的其他场合。如果不管哪种场合，讲话全都用一个声调、一个语气、一个表情，肯定是不行的。

知彼知己，百战不殆。讲话只了解了自己的性格还不够，要想把话讲好，还要了解对方——讲话的风格。

这里，需要特别注意的是，要区分好讲话场合。

讲话人有性格的不同，讲话则有风格的不同。这种风格来自它的适用场合。场合不同，讲话该用的声调、语气、表情都应随之而变。同一个话题，听众不同、会议规模不同、会议类型不同，自己的声调、语气、情绪都要有所调整。西装革履下地插秧，运动休闲参加党代会，肯定是不合适的。

实践中，我们会遇到各种各样风格的讲话。

⊙ 一些场合下，讲话要严肃庄重

领导是组织确定的负责人，掌握一定权力，行使一定职责，承担一定责任。多数场合下，领导讲话是领导班子集体的施政理念、工作方针、部署要求，是集体研究确定的成果，必须以庄重严肃、严谨规范为主基调。这样才能令行禁止，政令畅通。

在正式场合，如党代会、人代会、部署会上，讲话要板起面孔、字正腔圆、庄严凝重，有思想性、严肃性。这是机关讲话的基本要求。无论是讲话，还是发言，都要掷地有声。例如：

勇当数字经济的开路先锋。坚定不移支持数字经济高质量发展，推动数字经济由侧重模式创新向注重技术创新迭代升级，实现数字经济核心产业增加值占比超过30%。巩固传统优势产业，持续壮大数字视觉、区块链、云计算、大数据、电子商务等产业，始终保持行业领跑地位。全面提升数字经济硬核实力，聚力集成电路、人工智能等前瞻性战略性产业，着力打造世界领先的万亿元级智能物联产业集群，厚积数字经济二次爆发的新动能。抓紧布局量子科技、深海空天、元宇宙等未来产业，大力抢占新赛道竞争主动权。优化升级数字基础设施，建设国际数字交易中心，构建数字贸易链条，打造数据综合开发利用示范高地。

⊙ 一些场合下，讲话要生动形象

讲话不仅要让人听得懂，还要让人听得进。讲话过程中，看到有人闷头玩手机，有人低头在打盹，我们肯定会很不高兴。原因虽然很多，但至少说明自己讲得不够吸引人。

讲话是讲给听众听的，要起到调动听众情绪的作用，除了内容，就应靠语言通俗易懂，使群众容易理解。要在把思想观点传递到位、保证准确性的前提下，尽可能做到生动形象、深入浅出、通俗易懂。如果语言贫乏苍白，枯燥无味，缺乏感染力，自然会让听众昏昏欲睡。

而且，讲话要以理服人，避免过分说教，如果满口都是“必须、严禁、不能”的命令，都是“既要、又要、还要”的教导，容易让人产生逆反心理。只有语言生动鲜活，才能激发听众兴趣，引人入胜，达到理想的效果。例如，某县委书记在党风廉政会上的讲话，就是很生动形象的语言：

要时刻绷紧廉洁自律这根弦，不要把桥修通了，你自己的路断了；高楼建起来了，你自己倒下了；企业、工厂引进来了，你自己进去了。原本亲戚朋友以你为荣，以后以你为耻了；原本前程似九十点钟的太阳一般灿烂，以后就像阴雨天的深夜漆黑一片了。

⊙ 一些场合下，讲话要新颖鲜活

不日新者必日退。信息时代，瞬息万变，机关内虽然有自成体系的语言系统，但如果不能与时俱进，满脑满篇满口仍然是“统一思想”“多措并举”“加强领导”之类的陈词滥调，精神再好的人听了也会打瞌睡。这就需要讲话保持新鲜、时尚、时髦、新颖。

讲新鲜的话，绝不仅是用些网红热词、时髦话语就可以，更重要的是素材也要新鲜。信息时代，你从网上找到的素材例子，听众一般都知道。如果用一些大家都知道的老套例子、烂俗观点，肯定没有市场。即使喊破嗓子，文采再绚烂、辞藻再华丽，听起来也味同嚼蜡。如滨城区委书记在一次全区干部会议上的讲话就很新颖：

这次会议是一场“入学大考”：入的是“十四五”规划这所“大学”，考的是“富强滨州建设，滨城担当什么”这道时代命题。所以，这次讲话我想打破常规，重点围绕这场大考，和大家复习、向大家提问，与大家思考、邀大家解题。

第一，滨城是什么？我们一起画一画像……

第二，滨城有什么？我们一起算一算账……

第三，滨城干什么，我们一起定一定向……

以上，围绕滨城是什么、滨城有什么、滨城干什么，我们一起做了分析。会议期间，请大家结合以上内容，为滨城发展担当、为城市转型担当、为人民幸福担当，深入思考、广泛讨论、认真解题，确保考出高水平、交出好成绩。

⊙ 一些场合下，讲话要情真意切

感人心者，莫先乎情。讲话是人在讲，也是人在听。人是有感情的，感情就是爱和恨、乐和痛、甜和苦，就是喜怒哀乐、悲欢离合、感同身受。讲话绝不是面无表情地输出，而是通过说真情、诉真情，让听众和你共悲悯、同振奋、齐努力，达到同频共振的效果。

情自肺腑生，方能入肺腑。一个好的讲话，一定是充满感情的发言。讲话要想有感染力，最好的撒手锏就是情真意切，把话说到听众的心坎里，让听众不仅情绪上受感染、被感动，思想上更有感触、有感悟，这是最高境界，也是至上要求。例如：

> 刚才，12位在会议筹办工作中表现突出的老同志上台接受了我们的“致敬”。我们要致敬的，不仅是他们在筹办过程中表现出的高度政治热情、强烈责任担当、严谨工作作风，更是他们长期以来不计名利得失，为关心下一代事业默默耕耘、无私奉献的崇高风范。我们要致敬的，不仅是这12位老同志，更是每一名像他们一样，退而不休、老而不伏，在关心下一代战线上继续发光发热的“五老”。老而不伏，是我“创造”的一个新词，脱胎于“老骥伏枥”。这些投身于关心下一代事业的“五老”，虽然已经从工作岗位上退了下来，但他们不服老、不躺平、不趴着，而是老当益壮、老有所为。我提议，让我们再一次把最热烈的掌声、最崇高的敬意送给他们！

当然，这几种风格是兼而有之，可以在一篇讲话中运用多种风格，绝不是有我没你、有你没我。关于“新意”和“情感”怎样展现，在“出彩篇”里我们还要讲到。

音乐作为人们抒发情感、寄托情感的艺术，是人类的第二语言。讲话和音乐，都以听觉感知为主，让人产生思想和情感共鸣，向听众传达自己的观点、思想和情绪、感情。如果把讲话看作自己演奏的一场迷你音乐会，或者自己演唱的一首歌曲，就会知道自己该怎么表现了。

第五节　讲话或发言遇到了突发状况怎么办

机关开会要进行讲话或发言，一般会提前通知，让你有充分的准备时间。这段准备时间里，你可以起草、修改、润色讲话稿、发言稿，可以熟悉文稿，还可以进行模拟试讲。

多数情况下，经过一番精心准备后，我们胸有成竹地上场，不会出现什么差错。但正所谓计划不如变化，现场可能出现各种情况，打乱你精心准备的发言，给你一个措手不及，如果不能快速反应，随机应变，很可能当场丢丑。

这时候就需要具体情况，具体分析。我们遇到的突出状况不外乎以下五种。

⊙ 其一，说着说着突然卡壳了

手里有稿子，遇到这种情况不成问题，低头看一下稿子就可以把忘掉的思路或词汇找回来。但如果没有稿子的脱稿发言或讲话，你卡在那里“这个”“那个”说不下去，肯定会影响你接下来的发言节奏。而且，很多听众的眼睛盯着你，每一秒都显得非常漫长，不出三秒，你就会大汗淋漓，非常尴尬。

要处理这个问题，有三个步骤：

一是冷静镇定。这时候即使心里很紧张，也不能表现出尬笑、挠头、看天等神态，一定要冷静，保持刚才的表情和姿态，不能让听众看出来你卡壳了，迅速回想文稿内容。

二是嘴不要停。在回想的几秒里，嘴里不要停下。把刚才讲的几句话或主要观点再回顾重复一下，加上“我再强调一下我的观点，就是……”等过渡句，或者跟台下互动一下：“我刚才讲的两点，谁能总结下？”或者喝水，给自己争取时间。

三是丢车保帅。如果过去了 5 秒以上依然想不起来，那就义无反顾放弃接下来的 A 内容，找个切入点转移到自己熟悉的、能记起来的 B 内容接着讲。可能说 B 内容过程中，又想起了 A 内容，后面再补充就可以了。说的时候调整语速，以免过早结束发言，留白过多。

⊙ 其二，快轮到自己发言越来越紧张了

人们会在马上轮到自己发言的前一两分钟，紧张感达到峰值。眼看前面的人即将发言完，下一个就是自己，小心脏怦怦跳，不知道第一句话怎么开口：是先问好，还是先自我介绍；眼睛看着坐中间的大领导，还是看着两边的观众。

其实，等待的这几分钟，你有很多事要做，既是最紧张的时候，也是脑子转得最快的时候。只要开了口，下面反而不很紧张了。要缓解紧张，可以按照前面我们介绍的呼吸法、微笑法等进行自我调节；而更该做的是，边听前面的讲话，边在本子上写下接下来你发言的开头几句话。

如果不管前面的发言，直接开启你的发言，这样开头最简单：

> 各位朋友，大家好！我是来自 × 单位的 ×××，很高兴能在这里与大家分享我的观点。今天，我想谈谈关于创新思维的重要性。

把这几个字一字不落地写在本子上，背下来就可以。刚开始的几句发

言，领导和其他人都盯着你，一定要有目光交流，不要闷头读稿。

如果要回应前面同事的发言，可以这样开头：

刚刚听到了许处长对××所做的前阶段的工作总结和下阶段的工作部署，让我对接下来的个人工作有了一个比较清晰的思路。下面我结合自己承担的这部分任务，谈几点想法。

⊙ 其三，别人把自己的观点说过了

座谈会发言，如果发言顺序比较靠后，自己精心准备的内容被前面几位都说了，观点也和自己基本一致，临时很难再想出新的思路，这时候把前面的发言机械重复一遍或者只说一句“我想说的其他人都谈到了，我就不再说了”，都会给领导留下不好的印象。

这种情况是自己预先没有想到的，非常考验应急反应能力。可以用好以下三招：

一是铺垫热场。铺垫就是把前面和你观点相同的人点名表扬一下，这样既可以帮助缓解紧张，还能体现出你懂得换位思考，关注他人。先简单肯定别人的观点，再引到自己要说的话题上来。

刚刚大家针对咱们最新的工作方案提了几条建议，很到位，听了以后很受启发。讲得已经比较全面了，不少意见我们也深有体会，下面我另外谈一点。

二是角度调换。一项工作，从不同的角度看会有不同的结论，如果你准备的观点被别人说了，这时候可以试着巧妙转换角度，就能另辟蹊径。

刚才徐处长谈到了学习，重点提到了业务知识和业务能力的学习，这一点我非常认同。这里，我谈一下其他方面知识的学习。

三是巧妙结合。观点虽然相同，但每个人在单位里面的分工有差异，具体工作肯定不同。把刚才重复的观点与自己的具体工作巧妙结合，可以将别人讲过的观点和自己的感受、以往的经验和下一步计划结合起来，并且尽量朝自己熟悉和体会比较深的方向说，这样，一来可以打开思路，有话可说，二来容易谈出深度、谈出新意。

刚才许科长谈到了写材料要注意搜集素材、打造立意，这两点我非常赞同。就拿我这次起草全市 ×× 工作会议上的讲话稿来说吧，就深刻认识到了这两点的重要性。一是……二是……

⊙ 其四，发现别人和自己的观点完全不一致

座谈会发言，发言顺序比较靠后，发现某人的观点和自己不一致，甚至完全相反时，如果当场反驳别人、说教别人，不仅让别人下不来台，还会显得自己没涵养。

这时候，不要着急表达不同意见，不要把自己放到对方的对立面去。上面“调换角度”的办法在这里同样可以使用。他从这个角度得出了这个结论，你从另外一个角度得出了相反的结论，这样不仅不会引发冲突，反而给领导提供多维度思考的途径。当然，在发言前，要作一些铺垫。

我们可以先复述对方的观点，这样能让对方感受到你是认真听了他的发言，也理解了他的思路，心理上会有被认同的满足感。这个时候你再提出你的意见。

对于这个方案，刘科长的想法非常好，先缓后急，比较符合我们以往的做法。不过我也有个思路，我讲一下，咱们一起分析分析。

这样既没有否定对方，又获得阐述自己观点的机会，而且因为对方心

理上此时是愉悦的，所以会认真听你发言，甚至可能还会对你的新思路产生兴趣。

⊙ 其五，讲话时间被压缩了

有些会议，前面占时太长，为了不耽误议程，主持人会专门提出要求，对后面的发言提出从原定的每人 10 分钟，缩短到每人 5 分钟。这时候，你精心准备两个星期的发言可能不得不忍痛割爱、大幅删减了。

时间缩短一半，哪些必须说，哪些不必说，需要在很短的时间里作出权衡。如何处理好，既考验你的应变能力，也考验工作能力，更考验表达能力。

这时候要注意的是，不能撒芝麻盐。

很多人的错误做法，是把原来要说的几点内容全都保持下来，每个点只说几句。这样不仅导致干干巴巴，说不透彻，也会显得仓促匆忙、慌里慌张。

最好的办法，是删减要说的几点，把原来要说的 5 点删减到 3 点，把一般的、普通的情况舍弃掉，把重点、亮点、创新点说得更充分、更完整、更深刻、更到位。这样有了时间保证，你还可以从容地举个例子，让发言更充实，听起来更有滋有味。

本章小结

- 这样讲话让人更爱听
  - 讲话催眠原理
    - 内容上：空话套话、言之无物
    - 形式上
      - 照本宣科读
      - 闷头不互动
      - 声调无变化
      - 端坐像木偶
  - 以听众为中心
    - 不能高高在上
    - 抓住共同话题
    - 引起共鸣共情
  - 学会口语化
    - 说一听就懂的话
    - 说逻辑简单的话
    - 说时尚新潮的话
  - 分清场合
    - 有时要严肃庄重、杜绝轻率
    - 有时要深入浅出、杜绝艰涩
    - 有时要新鲜新颖、杜绝老套
    - 有时要情感充沛、杜绝冷漠
  - 学会应急处突
    - 突然卡壳了：丢车保帅
    - 越来越紧张：做好开头
    - 观点雷同了：调换角度
    - 观点相反了：多维思考
    - 时间压缩了：突出亮点

第七章

掌控职场“说”的几个工作场景

第一节 向上作汇报：怎样让领导喜欢听你的发言

“汇报”的学问很大，可以说，它既是一种态度，也是一种行动，还是一个说话技巧。

怎样向领导进行日常汇报，我们在《教你走出去善办》一书里会详细介绍。这本书的主题是“说”，所以我们主要对汇报发言进行讨论。

机关工作汇报发言的场合非常多。大型的如党代会、人代会；中型的如总结会、表彰会、经验交流会；小型的如典型发言、上级视察听取汇报等。我们更常见的中小型会上的汇报，到底怎么“说”，领导才爱听、才感兴趣，让领导听后印象深刻？

⊙ 首先，把好汇报的内容，明确汇报什么

向上级汇报，工作内容是基础。工作做了 7 分，一场好的汇报，可能让领导感觉我们做了 10 分；如果工作只做了 1 分，再怎么汇报，领导最多感觉我们做了 3 分。工作一塌糊涂，再会汇报、再会说也不管用，上级一眼就能看出来。

向上级汇报工作，一般都会形成书面材料。这类的材料格式比较固定，通常用“过去成绩 + 当前问题 + 今后打算”结构，也有的可能会加上“工作体会”“表态决心”之类。重点当然在成绩部分，要把自己工作的成效、亮点、特色说明白。

第一，讲重点。汇报工作，当然要看这个领导分管什么、关心什么。

因此，在汇报工作时，必须摸清情况，突出重点，既不能汇报偏了、

歪了、错了，也不能求全贪大，面面俱到。汇报时，要讲上级领导想知道的重点，讲上级领导最关心的重点。不然，给分管党建的领导汇报科技创新，给分管教育的领导汇报基层治理，工作干得再好，领导也不会关注。

第二，讲亮点。上级领导下基层，都希望多了解一些下面的情况，特别是各单位的亮点，尤其是对全局工作具有指导意义和示范作用的好经验、好做法，更是不能放过。汇报时，一定要善于总结提炼，突出做法、有成效、有经验、有体会，让领导听了后，感到有所收获，有所启发。例如，可以用“打好 1234 组合拳”“坚持三个突出”“实现五个突破”之类的说法。这跟汇报材料有很大关系。

当然，汇报亮点时，一定要把握好度，不能夸夸其谈，也不能过于自谦，一定要恰如其分，使上级领导愿意听、听得进、记得住。

第三，讲焦点和难点。上级领导下基层调研，不是走马观花，是要解决问题的，只报喜不报忧也是不行的。要主动向领导汇报工作中遇到的焦点、难点问题，特别是有一定倾向性的问题，让上级掌握全面情况，体会到你工作的用心。

⊙ 其次，把好汇报的形式，就是怎么汇报

领导让你作为典型发言，到你这里来视察，说明对你工作的认可。一定要想方设法汇报好、把该说的说好。

所以，有了汇报的内容，怎样汇报也很重要，甚至更重要。

第一，不熟悉稿子不上台。向上级汇报的场合，一般会提前写好汇报稿，汇报人事前一定要字字句句、认认真真读上三五遍，对稿子非常熟悉，或者出声演练一两次。

材料已经定稿，这时候更重要的不是把关内容，而是特别注意容易读错的字，尤其是陌生的人名地名、专业术语、拗口的句子，保证读准、读熟、说流利，防止卡顿、读错。当前科技、环保领域新词层出不穷，很难

保证每个术语我们都熟悉。如果出现把“鸿鹄”念成“鸿浩”的硬伤，可就让人笑话了。

第二，不是“读”汇报，而是“讲”汇报。像前面提到的党代会报告、人代会报告，以及一些特别大的领导参加的严肃会议，汇报时必须一字不落地照稿宣读。其他中小型的汇报会，我们应该是“讲”汇报、“说”汇报，而不是“读”汇报、“念”汇报。

汇报材料既是供上级阅读的书面材料，也是口头汇报的脚本。汇报人要根据讲稿，但又不必拘泥于讲稿，可以按照稿子的层次内容，灵活自如地讲述，对讲稿作些增删补释。也就是说，可以适当脱稿做一些发挥。当然，在哪个地方发挥、怎样发挥，我们要提前做好标记，以免临场忘掉。多讲一些小故事、多举一些实际例子，更能让人留下深刻印象。如市委召开的基层治理方面的经验交流会上，有个街道这么汇报：

——以“小气候”优化“大环境”。工作实践中，我们发现中心城区 80% 的群众信访和投诉与小区管理有关。如果把小区的“小气候”营造好，就能从源头上控制矛盾问题的发生。××小区是一个集国有改制企业宿舍、商品房、自建房于一体的老旧小区，过去管理不到位、环境脏乱差、矛盾纠纷多、安全隐患大，物业费收缴率不到 30%，每年治安案件平均达 30 起。去年，在社区党委的支持推动下，该小区重新选举产生了以党员为骨干的业委会，通过实行物业公司选聘、物业费缴纳、业委会收支“三个公开”等多项创新举措，小区面貌焕然一新，治安实现“零发案”、95% 以上的业主主动缴纳物业费，群众的“差评”变成了“点赞”。

第三，多用口语、短句。汇报不是展示文采，而是把自己所做的工作给领导说清楚、讲明白。用口语、短句，既便于说，又便于听，而且干脆有力，节奏感强。所以，我们要尽可能多讲短话、新话，多说一听就明白的话，有意识地避免长句、套话，减少文绉绉的话。例如：

> 按照汇报交流的要求，我给这次发言定了个题目，也就是“好一场思想盛宴、精神大餐”——思想盛宴，指的是学习贯彻习近平新时代中国特色社会主义思想的盛宴；精神大餐，指的是学习贯彻党的二十大精神的大餐。这两个词，既生动凸显了贯穿我们学习研讨全过程的主题主线，又形象概括了办班特点和学习收获。我们第五组15名学员一致认为，盛宴之“盛”，盛在规模盛大、内容丰盛；大餐之“大”，大在主题宏大、意义重大。

第四，不能演成独角戏。汇报切忌埋头照读，不理听众。要及时根据听众的无声反馈，调整自己的汇报，使自己与听众、台上和台下融为一体。表情上做到庄重自然，神采奕奕，既不能不当回事，又不能过于严肃。语速适当，可以稍作停顿，让领导有插话机会，使整个会场气氛活跃起来。

第二节　向下提要求：怎样讲话让下级听进去

在机关工作一段时间，到了一定层级，就可以在一些会议上对下级、对下属讲话了。我们肯定听过很多领导的讲话，有的如沐春风，非常耐听，令人耳目一新；有的却如白开水一般乏味，毫无营养，让人昏昏欲睡。

领导讲话，是一门大学问；把讲话让别人听进去，更是一门值得深入研究的大学问。要让下级听进去你的讲话，我们认为，除了要精心准备、言之有物、语言生动，最重要的是做好以下两点。

⊙ 第一，要有同理心，学会换位思考

感冒了，多喝热水！头疼，多喝热水！肚子疼，多喝热水！如果有一个这样的男友在你身边，肯定让你头大。说不关心你吧，可能冤枉他；说关心你吧，又不那么心甘。这就是缺乏“同理心”。

领导讲话，想让下级听进去，就需要这样的同理心。有了同理心，才能知道对方的事实、看法、感受、处境，拉近与对方的距离，从而发自内心地为对方分析问题，提出解决问题的办法。

例如，习近平总书记在同中央办公厅干部职工代表座谈时的讲话，就有很强的同理心。他先从自身说起：

> 上个世纪70年代末80年代初，我在国务院办公厅、军委办公厅工作过一段时间，对办公厅工作比较熟悉，也有感情。后来，我到地方任职、再到中央工作，走了很多地方，在各个岗位上同党委办公厅接触一直很多。我还在政府岗位上干过，兼任过地方人大常委会主任，同政府办公厅、人大常委会办公厅也打过交道，但同党委办公厅接触最多。这次到中央办公厅走访调研，同大家座谈，感到很亲切。

接着给中办定位：

> 中办是党中央的综合办事机构，为党中央服务最直接，联系各方面最广泛，保障党中央工作最关键，在党政军群各机构运转中最核心，居于承上启下、协调左右的中枢位置，在党和国家工作全局中具有特殊重要的地位和作用。这些年来，我在不同场合给中办工作提出过一些要求。比如，强调要当好让党中央放心的“前哨”和“后院”，在同党中央保持高度一致上作出表率，在贯彻落实党中央确定的各项工作部署上作出表率；强调要增强政治意识、大局意

识、责任意识、服务意识、团结意识、廉洁意识，做到“忠诚、严谨、自律、奉献”；等等。

最后，总书记结合走访调研的感受，对党委办公系统提出了“坚持绝对忠诚的政治品格、坚持高度自觉的大局意识、坚持极端负责的工作作风、坚持无怨无悔的奉献精神、坚持廉洁自律的道德操守”五个方面更高更严的要求。每个要求，讲话都如春风化雨，情深意切。如谈到“坚持无怨无悔的奉献精神”时讲道：

党的十八大后我到广东考察时，曾经讲过大牺牲和小牺牲的道理。我说，没有理想和信仰，不可能为党、为国家、为人民作出牺牲，共产党员应该为理想而奋不顾身去拼搏、去奋斗、去牺牲。同样，奉献有小奉献，也有大奉献。……我们共产党人讲奉献，就要有一颗为党为人民矢志奋斗的心，有了这颗心，就会“痛并快乐着”，再怎么艰苦也是美的、再怎么付出也是甜的，就不会患得患失。这才是符合党和人民要求的大奉献。有了具有这种精神的党中央以及为党中央服务的中办这样一些中枢机关，我们的事业才能取得成功。中办讲奉献，就要讲这样的大奉献。没有这种精神境界，是难以完成党和人民交付的任务的，即便表面上做到了，心中也可能是不舒畅的，总觉得吃亏了、不划算了。长此以往，思想就会发生异变，行动就会产生差池。

整个讲话面对办公厅系统的干部职工代表，富有同理心，温暖而又刚劲，亲切而又严肃，这样的讲话肯定都爱听。

当然，同理心不等于同情心。作为领导，该有的威严必须有，该严肃要严肃，该批评要批评，该禁止要禁止，奖优罚劣，奖能罚庸，这样才能更好地推动工作。

⊙ 第二，要用好事例、画面、人物

在信息爆炸的时代，每个人都被无数的信息包围，注意力变得越来越分散，难以集中。吃饭时，手机刷个不停，碎片化的信息让人上瘾。研究发现，当看短视频时，人的注意力和金鱼一样，只能维持 9 秒，注意力已经变得比能力还要稀缺。

这自然给领导提出了新的课题。

领导代表组织给下级讲话，通常是安排部署任务，这类讲话的框架结构比较单一，一般是“肯定过往成绩 + 统一思想认识 + 提出工作要求”。这类的讲话，很容易让人产生疏远感、距离感，缺乏生动性、具体性。

这时候，就要学会通过讲述一个故事、描述一个画面、列举一个人物，用事例证明自己的观点。这个人物、事例，不管正反典型，都最好是身边人、身边事，让群众有共鸣、有触动，只有这样，才能有很强的画面感、故事性，妙趣横生，说服力强，下级爱听，也就会信服了。

前面提到的习近平总书记以自己为例，讲在办公厅工作的经历，就是很好的切入。再如，某市委书记与引进的 300 多名博士座谈，对于这类高层次人才，跟他们讲高层的站位、高深的理论、高调的表态都显得外行，更重要的是吸引他们的注意力，让他们听得进去。这位市委书记开头是这样讲的：

> 一个人选择一座城，是信任；一座城遇到合适的人，是幸运。人才与城市是唇齿相依、紧密相连的命运共同体。今天在座的各位青年才俊，有的即将走出高校的“象牙塔”，有的刚从海外学成归来，有的正在寻找新的创业赛道，大家都面临着择业和择城的重大选择，都希望找到一座心仪的城市。
>
> 在这个过程中，相信大家都会考虑很多因素，共性的可能有这么四个方面：一是这座城市是否具有鲜明的气质、别样的魅力、

独特的价值。二是这座城市是否具有符合人才需求的广阔舞台、成长赛道、发展空间。三是这座城市是否具有高效的政务服务、优质的公共服务、优良的创新环境。四是这座城市是否具有崇尚奋斗、宽容失败、成就事业的创业文化。

在我看来，××就是大家心仪的那一款，这里我想和大家分享四个故事……

接着，该领导从吸引人才、承载人才、赋能人才、成就人才四个维度，分别讲述了该市“一个城市品牌的故事”“一座创谷的故事”“一场恳谈会的故事”“一杯咖啡的故事”，把抽象的政策和理念转化为具体的案例，很容易理解和接受，增强了说服力和感染力，具有很强的号召力和感召力。

第三节 座谈说观点：怎样讲出点道道来

座谈会是机关及职场最常见的会议，没有之一。它的主要特征是：在主办方组织下，参会人员对某项工作、某项任务、某件事情进行讨论交流，充分发言，征求意见，探讨问题，集思广益，最后形成一定共识。

因为灵活简便，不拘一格，可以说座谈会是个筐，什么都可以往里装。它的内容单一，凑在一起你一言我一语畅所欲言，就是开个“座谈会”。它的形式多种多样，从人数上看，几个人、十几人、几十人乃至上百人，都可以是座谈会；从会场形式看，圆桌型、长桌型、方桌型、回字桌、U字桌、剧院型、宴会型、课桌型甚至有鱼骨型，也都可以是座谈会。

一般来说，为了便于大家发表意见看法，座谈会上轮到每个人发言的时间都不会很长，每个人发言一般不超过 15 分钟，常见的是 5—10 分钟。当然，也有突出领导讲话的座谈会。

留给自己 5—10 分钟发言，是汇报工作、体现观点、展示水平的好时机。

我们常听到评价：某个领导水平很高，讲话“能讲出点道道来”。

“能讲出点道道来”，里面起码有两层含义：一是发言逻辑性强，有头有尾，结构完整，没有信马由缰，不着边际，不知所云；二是发言能自圆其说，而且有些新意，不是老生常谈、空洞乏味，能打动人心，引起大家的共鸣。总之，他的发言能入耳入心。

这虽然和发言人口才有一定关系，但根本还是由一个人的思维水平决定的。

深度的思考决定了好的发言内容。人们常说，讲话内容有思想、有观点，见解独到，听众能受到启发、感悟。同样的事件，能从不同角度谈出来，能独树一帜，逻辑严密，这是思维的体现，也是思想水平和研究解决问题能力的体现。

座谈会上，怎么让我们的发言“讲出点道道来”，给人留下点印象，从而记住你这个人呢？

⊙ 其一，提出一个好观点

座谈会的主要任务，是进行工作交流、思想碰撞、建言献策。如全国政协的“双周协商座谈会”，常见的基层座谈会、某方面代表座谈会、某专项工作座谈会等。发言人通过一番发言，说出自己的观点，论证并说服大家接受、认可你的观点。

座谈会上的观点，不是让你说出一套全新的思想、理论，也不是让你提出一套论断、成果，更不是让你前无古人地有所建树、进行超越。只要你对这个话题有一番感受、体悟、认识，就可以拿出来作为论点，并围绕自己的论点发言。

总之，观点就是你发言的主题主旨、中心思想。我们无论是带稿发言还是即兴发言，都要有主题主旨、中心思想。例如，某县组织召开青年干部座谈会，一些发言题目是：

不忘初心使命，争当“三好青年”。

提升“三种能力”，用行动践行青春誓言。

常怀“四心”在平凡的岗位上发自己的光。

把握“统”“实”“责”三字诀，争做忠诚干净担当干部。

这些标题，就是发言人的观点。如一名年轻入职干部以“以青春之‘我’赶考逐梦”为题作了交流发言：

鲜衣怒马少年郎，我就是我。我的个人履历，可以称为“三门”干部，即“家庭门、学校门、机关门”干部。我的人生履历表还有很多“空白”，而这恰是我们年轻干部最大的优势，有无限可能描绘缤纷色彩。这时的我是简单的我，向阳而生，初心满怀。尤记得2022年到岗后，参与的第一项重点工作是创建“四好农村路”省级示范县。一年多时间里，我跑遍了全县镇村，完成了从“来时满身书卷气”到“归去两袖泥土香”的转变，为今后的工作打下了坚实基础。

飒骑骏马踏平川，我不是我。进入机关，我明白了“身在兵位，胸为帅谋”，我也不再是我，是披星戴月赶路人。以前人们常说：“学好数理化，走遍天下都不怕。”现在，这句话我有了新的感悟。“数”，就是让我对基层工作心中有数、手上有招，还得善于获取、分析、运用数据；“理”就是让我讲清道理，用群众语言，让党的初心、主张、恩情走进群众心田，并转化为群众对党的高度认同；“化”就是让我化解纠纷、化繁为简、化整为零，做深做实做细群众工作。

前路漫漫亦灿灿，我还是我。“求木之长者，必固其根本；欲流之远者，必浚其泉源”。往后看，轻舟已过万重山，每一段经历带给我的宝贵经验，让我逐渐找到了工作感觉，建立了工作自信。往前看，征途漫漫，正生逢其时，我将对标习近平总书记对年轻干部提出的“五个自觉”要求，不忘来时的路，立足岗位，怀抱梦想又脚踏实地，敢想敢为又善作善成，做有理想、敢担当、能吃苦、肯奋斗的新时代好青年。

虽然说的还是那些道理，但“我就是我、我不是我、我还是我”这几个观点是不是让人眼前一亮？

⊙ 其二，想一个好的小标题

小标题的重要性，我们在《教你坐下来能写》中作为重点内容提到过，它对讲话发言的重要性虽然稍弱些，但要想夺人耳目，同样必须重视小标题。

相对来说，座谈会的氛围比较自由灵活，不似党代会那么严肃正式，只有发言观点新颖、脉络清楚、结尾利落，才能吸引其他参会人员的注意，让他们专心听你发言。

小标题就起到厘清思路、理顺脉络、分类排序的作用，也就是让讲话发言有一个好的结构。

有人会问，既然小标题只要起到厘清思路的作用就行，干吗非要整整齐齐、工工整整、对偶排比的？随便找个小标题不就行了？

要知道，别人的小标题，新奇端正、奇思妙想、诗句名言，你的小标题长短不一，满满口语，给人的效果完全不一样。

如某县选调生座谈会发言交流，一名选调生用的小标题是：

1. 党是领导一切的。
2. 执行力是最好的战斗力。
3. 担当体现人生价值。

而另一名选调生用的小标题是：

1. 纸上得来终觉浅，四年的经历铸就了我的成长。
2. 书到用时方恨少，四年的学习增长了我的才干。
3. 身安处即心安处，四年的波澜沉淀了我的内心。

还有的选调生用的是：

1. 作为年轻干部，必须有“乱云飞渡仍从容”的定力，始终坚持以学为先，做到拓宽思路，增长才干。

2. 作为年轻干部，必须有“一枝一叶总关情”的情怀，始终坚持人民至上，做到务实干事、勤政为民。

3. 作为年轻干部，必须有“狭路相逢勇者胜”的魄力，始终坚持担当作为，做到履职尽责、敢于亮剑。

有些座谈会发言，是临时点名，即兴发言，来不及精雕细琢精彩小标题，也可以用简短、简洁的几个字作为小标题。如：

1. 要勤学；
2. 要修德；
3. 要笃行。

再如：

1. 向下深耕，勤学不辍。
2. 向上突破，磨砺蜕变。
3. 向前创新，步履不停。

如前面所说，小标题就是你发言的锚点，可以启发你的思维，让思路更开阔；同时，精彩的小标题更能给你的发言添彩，让你一下子被人记住。这才是兵家必争之地。

第四节 会议作主持：怎样穿针引线做好绿叶

会议主持人无处不在。

党代会、人代会这样的大型会议需要主持人，部署会、表彰会这样的中型会议需要主持人，座谈会、讨论会这样的小型会议需要主持人，就连支部会、小组会这样三五人的极小型会议也需要主持人。

会议主持人起到的作用，就是穿针引线，甘当绿叶，通过把控节奏，让其他人充分交流发言。所以有人说，主持人是一个会议的灵魂。

会议开得顺利不顺利、成功不成功，能不能充分讨论，是否达成共识，跟主持人有很大关系。除了一些大型会议的主持，要按照主持稿一字不错地读下来，很多会议，都需要主持人临时应变、现场发挥，既要有调动情绪、时间管理、组织引导的能力，也要有掌控局面、分析综合、总结提炼的能力。

要想当一名合格的主持人，需要在实践中多观察、多历练。这里，我们从两个方面提供一些方法。

⊙ 其一，熟悉首尾固定套路

有人说，会议主持人就像一个音乐指挥，控制着会议的进程；也像一名报幕员，告诉与会者会议的每一个议程；还像一名导游，告诉游客每一个景点的具体内容。

其实，会议主持人绝不是机械的、毫无主动性的。主持过程中，他开头要对有关内容和事项作出说明，对一些重要问题进行强调；结尾要对领导讲话作出简明扼要的评价，对会后如何贯彻落实会议精神提出要求、布置任务。

会议主持的模式比较固定，把握住了开头、结尾，基本就可以顺顺当当把会议主持下来，所以先要学会开头、结尾的发言结构。

一是开场，用好“称呼 + 意义 + 人员 + 任务 + 议程”。

会议开场主持，主要是介绍人员、会议背景、会议任务，让大家了解会议的必要性和重要性，积极踊跃发言。

1. 宣布开始：对于重要人员，要给予 VIP 待遇，单独点出来。

尊敬的谢书记，各位领导，大家上午好。现在开始我们今天的座谈会。

2. 说明意义：会议的重要性要说得清楚透彻，可以调动大家的情绪。

这次座谈会，是经市委主要领导同意，决定召开的一次重要会议。目的是深入传达并学习 ×× 工作会议的具体要求，对下一步工作进行详细部署。

3. 介绍人员：参会领导和与会人员的构成、人数，以说明会议的规模。

参加今天会议的有机关全体干部、下属单位负责人及受表彰的先进集体和先进个人，共计 90 余人。刘 ×× 书记专程出席指导，充分体现了刘书记对我们工作的关心和支持。让我们以掌声对刘书记的到来表示热烈的欢迎和衷心的感谢！

4. 介绍任务：说明这次会议的主要任务和要达到的目标。

召开这次全市产业项目现场观摩活动暨经济运行分析会，目的是分析总结前阶段项目建设情况和一季度经济运行情况，研判下阶段经济运行走势，进一步动员全市上下咬定目标、狠抓当前，奋力打响奋战二季度、实现“双过半”的攻坚战。

5. 介绍内容：提出这次会议的大致议程，让大家心里有数。

今天的会议主要有四项议程：一是传达 ×× 会议精神；二是为先进典型颁奖；三是作交流发言；四是请 ×× 领导讲话。

二是结尾，用好“预告 + 评价 + 总结 + 要求 + 感谢”。

这一部分主要是对整个会议作总结，并对如何落实会议精神提出要求，作出部署。

1. 预告尾声：

刚才我们进行了充分的讨论，大家发言都非常积极，提出了很好的建议意见。

2. 会议评价：

这次会议开得很好，很成功，达到了预期目的。

3. 概括总结：说明这次会议所取得的成果，解决了什么问题，明确了什么方向等。

刚才，四位驻村干部结合实际作了很好的发言，从不同角度分享了驻村体会，交流了工作经验，讲得很精彩，希望大家认真学习借鉴。刘书记的讲话从四个方面，肯定了大家的工作成绩，表达了对大家的期望，内涵丰富、重点突出，我们要认真学习、深刻领会，全面抓好贯彻落实。

4. 提出要求：

下面，我就贯彻落实好此次会议精神，特别是××领导讲话要求，强调以下几点：一是提高政治站位抓落实……二是振奋精神状态保落实……三是强化责任担当促落实……

5. 宣布结束：

各位同事，今天的培训会议到此圆满结束。感谢大家的聆听和参与。祝大家工作顺利，生活愉快！谢谢大家！

需要注意的是，无论开场还是结尾，会议主持都要简洁明了，提出要求要明确具体，不能含糊其词，一是一二是二，不绕弯子不啰唆，体现出严肃性、强制性。

⊙ 其二，学会临时控场话语

上面举的例子，多是大中型会议的主持词，这种场合下，主持人一般不作太大的发挥，最多是在原有主持稿基础上略作增删，相比来说比较简单。

而一些小型的自由讨论会议，主持人如果不是决策者，则面临的考验更多：有的调动不起来积极性，出现冷场；有的控制不好时间，过早或过晚结束讨论；有的控场能力一般，出现讨论观点针锋相对，情绪激动；有的不擅长引导，导致讨论偏离了方向；等等。甚至出现座谈会光“坐”不“谈”的现象。

这样的场合，再拿着先前准备的主持稿念，就是刻舟求剑了。这时候需要掌握一些临场掌控的话语，通过主持推动会议顺利进行下去。

1. 没人第一个开头发言。这时候，主持人可以委婉地指定发言，也可以从座位顺序轮流发言，还可以选性格外向、口才较好的人先发言：

接下来从这里开始，请每个人提出一个改善建议，大家先不必考虑建议是否切合实际。

刘处长，你大概早就考虑好了发言内容，大家都等着听你的高见，要不你第一个吃螃蟹，带个头吧。

2. 重要人员置身事外，参与度不高：

刘处长，我记得在之前的类似课题，你提的意见很有创造力。这次会议到现在还没有听到你的意见，能分享一下你的建议吗？

刘主任，你对这个问题很有研究，可以说是这方面的专家，大家都想听听你的看法，能给大家讲一课吗？

3. 双方意见分歧严重、针锋相对：

大家每个人都谈谈自己的意见。注意，一个人发言时，其他人不要打断。

丁科长，请稍等等，让刘科长先把话说完，然后再谈你的想法，好吗？

4. 发言越界，偏离主题，或者某个人滔滔不绝说个没完：

你说得很有道理，这是个重要的问题。但这个问题同我们今天的议题并不直接相关。我们把它记下来了，过后再找时间专门讨论吧。

你是说解决这个问题的关键在于 ×××，是吧？你的这个建议不错，其他人有什么建议吗？

5. 有人交头接耳，接打手机，随便走动：

我想提醒在座各位，今天议题比较多。要想在短短的 1 小时会议中达到我们的会议目标，需要每个人都集中注意力、贡献自己的想法。

总之，这类漫谈会议的主持人，要明确自己的职责，做到会前积极准备、开场定好规则、会中敢于干预、结尾圆满总结，基本就可以顺利地主持完一场会议了。另外，主持大中型会议需要严肃板正，主持其他会议最好脱稿，这样才显得轻松自然、游刃有余。

第五节　学习谈体会：怎样才能不人云亦云

2023 年中共中央新修订了《干部教育培训工作条例》，进一步加强新时代干部学习教育培训工作。其中第十三条具体规定了应该参加相应的培训：

（一）党的理论教育和党性教育的专题培训；

（二）贯彻落实党和国家重大决策部署的集中轮训；

（三）新录（聘）用的初任培训；

（四）晋升领导职务的任职培训；

（五）提升履职能力的在职培训；

（六）其他培训。

集中学习，是机关干部成长提升的大好机会。但很多学员觉得美中不足的是，他们不怕学习，不怕培训，就怕开会讨论心得、撰写学习体会。

除了集中学习培训，其他谈学习体会的场景也很多。例如，学习了一篇讲话一份文件、组织了一次观摩参观考察、完成了一项具体工作任务等，都可能要谈感受、谈体会。尤其是新上任的年轻干部，领导随时随地都可以点名让你谈谈对某个讲话、某项具体工作的看法、想法，听听你的意见。

那到底该怎样谈心得，才能说到点子上，不泛泛而论？怎样谈体会，才能有些新意，不人云亦云？尤其在结业时，有时会有重要领导参加，代表学员发言，想讲得好一点，到底怎样才能讲得到位，领导又爱听？

⊙ 其一，套用固定发言框架结构

谈心得体会的发言，一般会提前告知，如让你代表小组作培训结业式发言，这之前可以有足够时间精心准备发言稿。当然，也有的开会时领导临时点名发言，仓促之间无法准备。不管哪种情况，都可以运用下面的框架。

1.“过程 + 思考 + 作用”结构

适合比较大的主题教育心得体会等场合。其逻辑线是这样的：自己学习的过程，通过学习思考到什么，对自己起到什么作用。例如：

本轮主题教育开展以来，本人通过自学、集中学、听党课、做笔记、下社区实践等方式，不断深入学习领会习近平总书记在主题教育工作会议上的重要讲话精神，深刻认识主题教育的重要意义，努力将领会认识到的精神成果转化为干事创业的强大动力。在学习过程中，我感触很大，感受很深，充分认识到作为一名应急管理干部，特别是作为一名应急处突干部，要不断强化业务能力，全面提升综合素质，将“思想”学深悟透武装自己，用“党性”坚定信念强基固本，努力研究探索，在应急处突中实践打磨自己，最终在推进应急管理高质量发展、维护人民群众生命财产安全过程中贡献力量。

2.“感动 + 触动 + 行动 + 祝愿”结构

适合集中学习结业发言等场合。“感动”主要是感谢组织部门给予机会、感谢老师员工辛勤付出、感谢同事承担自己的工作；“触动”主要谈学习收获，学习方面重点围绕培训的主题谈，也可以加上学习到老师同学的优点和作风；“行动”要结合工作实际以及所学课程确定工作方向，表明决心，不要讲大话、空话，最好用上工作术语，说得贴近实际；“祝愿”就是送上祝福。例如：

两个月的学习时光，如白驹过隙，转瞬即逝，却在我们每个人心中留下了深刻的印记。这次培训是充实的、多彩的、难忘的，是一次精神上的“充电”、思想上的“补钙”、工作上的“加油”，时间虽短但意义深长，相聚虽短但相知深切。这是一次难得的人生阅历、一笔宝贵的精神财富，我们都会倍加珍惜，永远铭记。借此机会，我想表达三层意思。

第一层意思，就是感谢。

一是感谢组织的推荐安排。……

二是感谢老师的精彩授课。……

三是感谢党校的精心安排。……

第二层意思，就是收获。

一是锤炼了党性。……

二是开阔了眼界。……

三是增长了本领。……

四是交到了朋友。……

第三层意思，就是表态。

一是把感恩之心转化为奋进之志。……

二是把学习成果转化为工作成效。……

三是把一时的党性教育转化为一生的党性自觉。……

结业不是终点，而是新的起点。祝愿市委党校越办越好！祝愿各位领导、老师身体健康、工作顺利！祝愿同学们前程似锦、事业有成！

3.“知道 + 坚信 + 行动”结构

适合于集中教育、考察观摩等场合。逻辑线是这样的：通过学习，我知道了什么，更坚定了什么，下一步怎么去做。例如：

通过对党的二十大集中收看学习，我们深刻地回顾了党的百年奋斗历程，欣喜地看到党的十八大以来取得的各项伟大成就，这也再次印证了中国共产党为什么“能”！中国特色社会主义为什么“好”！

学习使我更加坚信：中国共产党是为中国人民谋幸福，为中华民族谋复兴的政党，是始终把人民摆在至高无上地位的政党，是把不断增强人民的获得感、幸福感、安全感作为奋斗目标的政党。

对于党的二十大的学习，我们不仅要将其作为政治理论学习的必修课、常修课，将学习转化为思想自觉，更是要将学习成效转化为行动自觉，落实到实际工作中。

⊙ 其二，联系自身要坦诚不虚伪

心得体会的最大特点，就是个人色彩鲜明。就像没有两片相同的树叶，每个人专业不同、阅历不同，学习收获、体会感受就不同。相对于其他发言场合，谈心得体会可以自由发挥。最主要的是，在框架结构引导下有新意。

要想有新意，能在内容上提出超人的观点更好，但肯定很不容易。更简单的方法是，在形式上做些手脚，展示自己的口才、文笔，让领导听起来很用心、很新颖、很别致，就足够了。

一是用好关键词。关键词简洁、亮眼，容易让人记住。一篇心得体会用上三到四个关键词统领就可以了。如用“感谢、感恩、感念”进行总结；如谈培训的特点，可以用“优、活、严”概括：“优是优化教学内容，突出学习重心；活是活化培训形式，提高学习效果；严是严明培训纪律，强化组织管理。”

二是用好亮眼的小标题。如“这是教学相长的一个月；这是学思相长的一个月；这是学修相长的一个月”“一是感恩遇见、感谢有你；二是学无止境、学海无涯；三是衷心祝愿、真诚祝福”。一串工整的排比句下来，比起那些“进一步坚定了理想信念、进一步拓宽了工作视野、进一步促进了学用结合”的小标题是不是强了很多?

三是用好名言诗句。这样说出来，贯通古今，表明自己很有才华。比如，谈艰苦奋斗可以用“筚路蓝缕、栉风沐雨”，谈积少成多可以用“山不让尘、川不辞盈”，谈推陈出新可以用“学古不泥古，破法不悖法”等，一句话就可以点石成金，让你的心得体会品质瞬间跃升。

例如，单位组织参观了红旗渠工程，谈学习体会时，一名干部发言总结了“三看”“三省”：

一看：我看到了永不认命、永不服输的斗争精神。

二看：我看到了自力更生、艰苦奋斗的顽强作风。

三看：我看到了慎终如始、永不褪色的初心使命。

一省：要牢固树立为人民服务的宗旨。

二省：要相信群众和依靠群众。

三省：要坚持实事求是。

一千个人有一千个哈姆雷特。心得体会属于内心主观活动，没有标准答案，可以不拘一格。但整体上要积极向上，情感真挚，实事求是，不能无病呻吟，过于个性化，夸大其词，不然会给人油滑、“真会说”的感觉，那就得不偿失了。

本章小结

- 讲话的工作场景
  - 向上作汇报
    - 明确汇报内容
      - 讲重点
      - 讲亮点
      - 讲焦点、难点
    - 把好汇报形式
      - 熟悉稿子
      - 不是读而是讲
      - 多用口语、短句
      - 随时互动
  - 向下提要求
    - 会换位思考
    - 用事例典型
  - 座谈说观点
    - 提出好观点
    - 想出好标题
  - 会议作主持
    - 掌握首尾套路
      - 开场
        - 宣布开始
        - 说明意义
        - 介绍人员
        - 介绍任务
        - 介绍议程
      - 结尾
        - 预告尾声
        - 会议评价
        - 概括总结
        - 提出要求
        - 宣布结束
    - 学会控场
      - 无人率先发言
      - 有人置身事外
      - 意见分歧严重
      - 偏离会议主题
      - 会场秩序散乱
  - 学习谈体会
    - 套用固定结构
      - 过程 + 思考 + 作用
      - 感谢 + 行动 + 祝愿
      - 知道 + 坚信 + 行动
    - 联系自身
      - 关键词
      - 小标题
      - 名言诗句

第八章

掌控职场“说”的几个私人化场景

第一节 晋升任职讲几句：提拔怎样表态发言

不论机关工作内外，新提拔、新升职的人员进行任职表态发言，越来越普遍，也越来越规范，逐步步入正轨。

表态发言一般以第一人称“我”的视角，向听众介绍自我、袒露自我、展示自我，向领导、听众表述思想，表达决心，对个人提出要求。可以说是在公众场合进行的私人化发言。

这类的发言，不管是否正式场合，都要表达出下面四层意思。

一是感谢。喜获晋升，心情激动，这是组织厚爱。首先要表达出对组织培养、领导关心、群众信任的感谢感激之情。尤其是要说明，获得新任命，有了更大责任，将全身心投入工作，以勤奋务实的工作回报组织的关怀、信任和支持。

二是认识。统一思想、提高认识是干好工作的前提。认识越深刻，工作就越有动力。新岗位的职责、任务有哪些，重要性体现在哪里，在全局中占什么地位，要一清二楚且说得透彻，为下文表态铺垫。

三是表态。这是任职表态发言的核心内容，要从多个角度提出自己到任后的工作打算。不外乎站稳政治立场、提升个人素质、打造团结队伍、抓好工作落实、守好廉洁底线等五个方面。选用 3—5 点都可以，但不宜太长，每条 300 字就足够了。

四是决心。发言最后一定要再重申决心、传递信心，提出高昂口号，展望光明愿景，抒发昂扬激情，以在新岗位干出一番新业绩的雄心壮志，感染领导、听众。

这样任职表态发言的框架结构公式就很清晰了，即“感谢＋认识＋表态＋决心”。无论场合大小，篇幅长短，都可以运用。

现实中任职表态发言，可以分为较为正式的场合和普通场合两种情况。

⊙ 其一，正式场合的表态发言

职务较高的领导，要在正式场合的大型会议上表态发言。例如，新党委书记到任，就要召开全体领导干部大会，宣传任命决定，进行表态发言。又如，政府“一把手”在人代会选举产生后，要在人代会上向全体代表进行表态发言；个别的政府副职，在人大常委会任命后，要在人大常委会会议上进行表态发言。有的地方还扩展到政府部门局长，也要在人大任命后进行表态发言。

这些发言，面向的人员众多，如领导干部大会有上百人，地方人代会通常有几百人，较为正式、庄重，表态发言态度要端正严肃、铿锵有力，慷慨激昂。发言内容要求实，避免空话套话。如新任市委书记在领导干部大会上的表态发言：

> 省委安排我担任 ×× 市委书记，我既深感使命光荣、责任重大，更感到信心满怀。我将倍加珍惜来之不易的发展局面，为 ×× 的今天尽心、为 ×× 的明天尽责，不辜负组织信任和全市人民期望。
>
> **常思国之大者，以讲政治的自觉写好忠诚答卷。**深学细悟习近平新时代中国特色社会主义思想，增强“四个意识”、坚定“四个自信”、做到“两个维护”。牢记习近平总书记对 ×× 要求和对 ×× 期许，确保党中央决策部署和省委、省政府安排不折不扣落地生根。

常怀奋进之志，以谋跨越的实招写好发展答卷。深刻把握新发展阶段、新发展理念、新发展格局，聚焦“绿色高地、枢纽新城”定位，紧扣转型升级主线，树立争先进位高线，守牢安全发展底线，把“十四五”美好愿景变为现实图景。

常念为政之本，以当公仆的情怀写好惠民答卷。牢固树立以人民为中心的发展思想，开展“我为群众办实事”实践活动，解决好群众急难愁盼问题，增强人民群众的获得感、幸福感、安全感。

常担主体之责，以勤赶考的作为写好党建答卷。全面落实新时代党的建设总要求，推动全面从严治党向纵深发展，打造同心同德、干事创业的坚强领导集体，让创新实干成为 ×× 干部的鲜明特质，谱写好“争当表率、争做示范、走在前列”×× 精彩篇章。

⊙ 其二，普通场合的表态发言

实践中更多的普通干部，提拔后走上新岗位，组织部门或领导来谈心谈话或送行。这种场合下，也要作一番发言，表达心情，展示信心决心。

这种场景通常在小型会议室进行座谈，参加人员不多，三五个人或十人左右，可以适度松弛，但也不能过于懈怠，毕竟这也是组织考察干部的一部分。

发言时，不必慷慨激昂，但要做到态度诚挚、语言坚定。例如：

这次调整我到 ×× 工作，衷心感谢组织对我的信任和关心，感谢各位领导对我的器重和厚爱。这次任职对我来说，是一次认可和肯定，更是一种鞭策和激励，同时也是对我的挑战和考验。我将尽快进入新的角色，勤勉尽职、扎实工作。在此做四个方面的表态：

一是苦干实干敢担当，紧盯工作中的关键问题和瓶颈问题，为单位更好更快地发展增砖添瓦。二是勤学善思强素质，虚心向领导学、向同事学、向行业的标杆学，按照业务水平上求精、服务质量上求高的标准，严格要求自己，知行合一。三是同心同德重团结，对上多请示、对内多沟通、对下多体谅，努力成为团队高效运转的润滑剂、团队亲密合作的黏合剂。四是巩固防线树形象，把制度作为紧箍咒和护身符，不抱侥幸心理，不越雷池半步，严把小事守好小节。

再次感谢组织对我的信任，感谢各位领导和同事对我的支持！我一定不负众望，勤勉尽责，为我们共同的事业贡献力量。期待与大家一起，携手共进，共创美好未来！谢谢大家！

升职表态发言，非常考验一个人的情商和工作水平。如果你的发言表态足够精彩，就会让领导和同事心生好感，必然为今后工作开展打下好基础。要想做一个比较好的任职表态发言，给领导和大家留下深刻印象，还要注意三点。

1. 要注意站位、把好分寸

表态发言要想说好，一定站好位置，把握好分寸。你是组织集体研究提拔的，这时候要有共情力，和领导、同事换位思考，谦虚低调，埋头做人。千万不要一提拔就得意忘形，目中无人，说狂话、说大话。

2. 目标规划要切实可行

发言不能吹嘘自己，而要真诚、谦逊地表达愿意和大家想在一起、干在一起，共同实现目标。阐释就任新职后的主张、打算、具体措施，要实事求是，切实可行，对新岗位的职责要明晰清楚。有的人盲目自大，喜欢大包大揽，还没上任就许下难以实现的诺言，很容易给自己造成被动。

3. 发言要干脆利落

任职表态要精巧短平，用最少的字眼，表达尽可能多的信息，做到少而雅、简而丰。通过发言，展示自己的品格修养，打造干练形象，树立雷厉风行的榜样，而不能堆砌辞藻，拖泥带水，显得浮躁花哨不务实。

第二节 卸任离职讲几句：用深情话语追忆过往成绩

人事有代谢，往来成古今。职场人事变动很正常，也很频繁，有人到任就任，就有人离任卸任，几乎每天都在发生。

如果说任职表态表达决心，坚定信心，较为规矩严整，离任感言则可以适当抒发情感、展示才华、体现温情。因此，相较于任职表态，离任感言的框架结构也就多种多样，不拘一格，没有特别固定的公式。

这里情感超越了逻辑，体现在：篇幅长短不一，有的短短三四百字，有的洋洋洒洒一两千字；很少用“一二三四”或“首先、其次、再次、最后”这些展示逻辑思维的词。怎样说好离职感言，要注意以下六个方面。

⊙ 其一，要把握好离任感言的定位

离任讲话是对自己任内期间工作的总结评价，也给自己这段时间的工作留下好的口碑，画上一个圆满的句号。这是当事人任期内最后一次公开亮相、公开讲话，所以不仅当事人比较看重，听众们也很关注。

不管外在形式怎么变化，离职感言都要表达出这几层意思：回顾个人

任职以来的成绩，感谢同事对自己的支持，祝福祝愿继任者创造新的业绩，也就是"回顾过往＋感谢支持＋祝福祝愿"，把这几层意思自然而然又情感浓郁地表达出来，基本上就是一篇好的离任讲话。

⊙ 其二，开场非常重要

有些人不知道如何开场，怎么切入，很多情感都想一下子表达出来。其实，离职感言的开头很灵活，没有定法。有的是说明离职原因，有的是直接引入场景。总的原则是，尽快进入主题，让听众和你一起开始回忆过往。例如：

光阴似箭，岁月匆匆，不知不觉就到了和同志们说再见的时候了。从2020年11月25日我到××工作，转眼已和同志们朝夕相处了1419个日日夜夜。今天，在这里与大家告别，看着一张张熟悉的面孔，望着一双双真诚的目光，心弦激荡，心绪难平，心潮如织。回首往昔，思绪纷飞，有喜有忧，时苦时乐，酸甜苦辣，百味在心，浅尝细品，永藏于心。

又如：

刚才，省委组织部××部长宣布了省委的决定。因工作需要，省委决定调我到新的岗位工作，我的理解，这既是对我工作的肯定，更是对我们××可持续健康发展的信任。对组织的决定，我坚决服从。

⊙ 其三，紧扣回顾主题

离任感言的主题，是回忆美好时光，肯定过去成绩，感谢同事支持。基层干部还要高度肯定群众理解支持。总之，要把值得回忆的美好时光，像电影中的回忆镜头或者怀旧老照片一样呈现出来，尤其是一起共渡难关、共享成功的过程，表达自己的依恋之情、感激之情、惜别之情、不舍之情，让自己的形象更为鲜明生动。例如：

两年时间，长河一瞬、弹指一挥，但对我来说，却是难以忘怀、值得铭记的一段时光，也是收获颇多、受益终身的一段经历。别离之际，与同志们一起奋斗的一幕幕场景、一幅幅画卷都浮现眼前，很多感慨涌上心头。

回望在 ×× 工作的点点滴滴，最为充实的是奋斗，最难忘却的也是奋斗。两年来，我跑遍了全市所有 129 个乡镇（街道）。当看到 ×× 中学引进落户、×× 老百姓为之叫好，我内心是幸福的；当看到南部引水工程快马加鞭，南片老百姓看天吃水的问题即将解决，我内心是幸福的；当看到吉利、华强、联化等重大项目签约落地、×× 发展动能不断增强，我内心是幸福的；当看到“五心”“妈妈式”服务在全市上下蔚然成风、广大民营企业家为之欢欣鼓舞，我内心是幸福的。我想说，能有幸组织、推动、见证、参与并分享 ×× 这段难忘的奋斗经历，是我的骄傲和自豪。

⊙ 其四，巧妙评价自己

评价自己是离任感言绕不开的话题。这里要把握好度。是非功过，自有后人评说，对任内工作成绩，以平实、平淡、平常的心态对待。褒扬要隐晦不明，暗藏于中，低调处理，用巧妙的话语表达出来。讲成绩不是单独突出自己，而是集体功劳，表明自己领导有方，下属工作努力，感谢众人的支持与信任，展示领导风度、气质、涵养。尤其注意不要评价过高，不能过于突出自己。例如：

今天，“×× 故事”精彩纷呈，“×× 形象”熠熠生辉，“××

未来”憧憬满怀。能够与大家亲历 ×× 大地发生的翻天覆地新变化，我无比地骄傲和自豪。

我忘不了，我们一路泥泞一路歌，与贫困群众一起找出路、谋产业、拔穷根、奔小康，交出了一份精彩的脱贫答卷。

我忘不了，我们敢蹚别人没走过的路，敢拓前人没垦过的荒，跋山涉水，披荆斩棘，披星戴月，挂图作战，创造了“大干一百天，路通黄河边”的 ×× 速度。

我忘不了，我们上下同心、守护相助、攻坚克难，打赢了防疫、防汛等硬仗。

我忘不了，在市委的坚强领导下，全区上下奋战产业发展、城市提质、乡村振兴“三项重点工作”的那情那景。

我忘不了，四年来让“小厕所”温暖了“大民生”，农村人居环境整治“×× 实践”被中央农办向全国推广，以及 ×× 荣获全国首批村庄清洁行动先进县（区）等 20 多项全国、全省荣誉的不凡历程。

需要注意的是，反思工作失误和个人不足，这个要少说或不说。有的人把自己工作中的失误、缺点都一股脑地倒出来，虽然很坦诚，但在这种场合下不太妥当。

⊙ 其五，留下殷切祝福

祝福祝愿必须有，但一两句话即可，不能过于具体，不能对后任工作指手画脚。

今后不论何时、身在何处，我都会永远牵挂 ××、关注 ××、支持 ××，为 ×× 的发展进步加油喝彩。衷心祝愿 ×× 的事业，每一天都欣欣向荣、每一年都蒸蒸日上；衷心祝福 ××

人民的生活，每一分都灿烂美好、每一秒都幸福安康！

⊙ 其六，力求讲出新意

离任感言是真情流露，贵在朴素自然，表达有新意才能让人感同身受。每个人情感不同，不能说别人说过的话，复制别人的语言，不然一看就是虚情假意。最好有新的思维、新的构思、新的语言，体现个性化。例如：

我眷恋这片灵动秀美的土地，从沅水江畔到巴斗山巅，从浦市遗风到辛女古岩，从十里画壁到巍巍天桥山，我踏过这里的每一片土地，涉过这里的每一条溪河，翻过这里的每一座山脉。对这里的山山水水、村村寨寨、草草木木，是如此熟悉，如此亲切。在这一片热忱的土地上，我种下了梦想，也收获了果实。

我眷恋这里可亲可敬的人民，不管是勤劳质朴的农民兄弟，还是坚守村小的育人园丁；不管是救死扶伤的白衣天使，还是严寒酷暑下坚守岗位的执法干警；不管是扎根一线的基层干部，还是追求梦想的企业家们，都是我最可爱最可敬的亲人。他们勤劳朴实、敬业奉献的精神和面貌，深深地打动着我、感染着我。

我眷恋这群敢打敢拼的战友，我们一起争项目、抓招商，一步当作三步走，一天当作三天干，泸溪山乡发生了翻天覆地的改变；我们一起抓拆迁、优环境，打造最美“双子城”，沅水明珠的光芒越来越耀眼；我们一起抓抢险、搞救灾，用铁的臂膀守护了泸溪人民的岁月安澜。

我眷恋这段昼夜兼程的岁月，从站上这片土地的那一刻起，我就一刻不敢放松。一天不敢懈怠，时刻保持“一万年太久，只争朝夕”的紧迫感，为了泸溪的改革发展稳定，我注入了全部的精力和心血，融入了所有的甘苦和忧乐。也就是在这里，我得到了最难得的淬炼、最全面的升华、最丰厚的收获，是泸溪和泸溪人民滋养了我、培育了我、成就了我。可以说，与泸溪干部群众共同奋斗的每一天，都是我一生之幸、一生之福，都是我一生中最宝贵的财富。

总之，离任讲话虽然只有短短的几分钟，但要做到说者有心、听者有意，对于上级组织、同事同行、普通人员，都要考虑周全，照顾到方方面面，既有深情，又有技巧，才能取得令人满意的效果。

第三节　相互批评讲几句：怎样说才能红脸出汗不伤和气

批评与自我批评，是我们党的三大优良作风之一，是党员监督被监督的重要手段，是防止党员生锈、钝化、变质的有效办法，也确实起到了很好的作用。

实践中，很多人却对“怎么批评自己、怎么批评别人”比较挠头，不知道怎么发言，掌握不好度，找不到好的批评意见。说轻了，怕过不了关，起不了作用；说重了，又怕有损个人形象或引起对方反感甚至憎恶。

怎么用温和恰当的方式发言，使对方接受，不仅考验一个人的情商、智商，还考验他的经历、阅历和成熟度，更考验说话水平和发言功力。

这不是“说”的方式问题，而是“说”的内容问题。

想把批评和自我批评说好，那就要认真分析民主生活会、组织生活会的目的。上级对这类会议的要求，一般会很原则。例如：

1. 坚持实事求是。从团结的愿望出发，对缺点错误进行分析批评，帮助同志提高认识，改过自新，不把一般问题说成是严重问题，不把偶然、个别错误说成是一贯错误。

2. 严于自我解剖。反思自己在理想信念、思想觉悟、工作作风、道德修养等方面存在的突出问题，既不扩大也不缩小，既不掩盖问题又不捕风捉影。

3. 勇于开展相互批评。要出于公心，注重从政治上看问题，不能主观武断，更不能从个人恩怨、得失、利害、亲疏出发看事待人。

可见，我们开展批评和自我批评的目的，是惩前毖后、治病救人，达到新的团结，实现共同进步。如果搞成了批斗会、揭发会、检举会，不利于工作开展，不利于团结向上，影响今后大局。这肯定不是这个优良作风的初衷。

由此出发，我们认为，开展批评和自我批评，在“说”上要把握好下面三点。

⊙ 其一，把批评和表扬结合起来

批评要有艺术，注意方式和方法，如果和表扬结合，更能让人接受。当然，这里的表扬要真诚而具体，不露声色。我们不提倡辣味不足、甜味过浓，但可以做到“七分批评、三分表扬”。

如批评处长，可以说他工作经验丰富，文字水平高，曾经不厌其烦指导自己修改材料，让自己获得全市征文比赛一等奖。但因为工作比较忙，对下级“传帮带”不够，对下属太过保护，布置任务太少，导致年轻人没有得到应有的锻炼。建议以后多“传帮带”，把自己的工作经验、工作方法毫无保留地传授给下级，帮助下级尽快成长。

⊙ 其二，对事不对人

工作中因为种种原因导致失误、延迟、停滞是常有的事。做错了事情，应该批评，但不能归咎于某人能力太差、素质不行，这就是对事不对人。切忌上纲上线，因为一项工作失误，否定一个人的品格。更不能借此机会报复打击，对他人进行人身攻击和情绪输出，这会引起对方的强烈反感。

不管平常有多大委屈和怨言，批评和自我批评都要情绪稳定，防止激动，避免一些“我认为、我觉得”式发言，而要聚焦具体的问题和事实本身，围绕事情说话。

例如，如果领导工作安排过于繁重，很少组织活动，可以说希望领导在紧张工作的同时，能多搞点支部活动，丰富业余生活，让大家劳逸结合，增强凝聚力、向心力，以更大热情投入工作。而不能说，领导过于自私自利，为了自己的政绩和前程，天天让我们加班干活。

⊙ 其三，表态要真诚

根据会议流程，别人批评之后，自己一般还要作一个简短的表态发言。有些人对此不够重视，一两句话敷衍过去就算了。其实这个表态非常重要，关系到让领导和同事感觉你是否真的虚心接受，所以一定要认真准备。可以采用“感受 + 感谢 + 表态”的结构进行总结：

> 感谢各位同志的批评，你们的批评意见很中肯，是对我最大的关心和帮助，我虚心接受。今后，我将把同志们的批评意见和个人对照材料找出的问题，深刻反省，举一反三，一项一项细研究，一条一条定措施，一件一件抓整改，真正以“钉钉子”的精

神抓落实，确保整改取得实效，在工作中不断取得新成绩。谢谢大家。

还要说一句，从网上搜的他人的批评和自我批评意见，仅可以参考借鉴，千万不能拿来就用，一定要结合个人实际、结合单位实际，充分考虑领导和同事具体因素，再确定发言内容，不然胶柱鼓瑟，引起误会可就不好了。

第四节 欢迎祝贺讲几句：怎样更容易出彩

有心的朋友会发现，现在领导的讲话发言，能出彩的往往不是大而全的讲话，而是小而美的“致辞”！

百度搜索“网红致辞”，会跳出不少领导的精彩发言讲话。限于篇幅，我们只录下小标题。例如，某领导在 ×× 度假产业暨民宿集群招商推介会上的致辞：

宿 ××，赴一场心旷神怡的山水之约。

宿 ××，赴一场心驰神往的人文之约。

宿 ××，赴一场心满意足的康养之约。

宿 ××，赴一场心想事成的发展之约。

又如，某领导在中国 ×× 融入京津冀协同发展推介会上的致辞：

第一个美，美在“春光烂漫”，这个“春光烂漫”得益于 ××“有色彩”的人文历史。

第二个美，美在“春味悠长”，这个“春味悠长”根植于××“有味道”的实业沃土。

第三个美，美在“春山可望”，这个“春山可望”展现于××“有预期”的科创生态。

第四个美，美在“春暖心田”，这个“春暖心田”来源于××“有温度”的城市品质。

这些致辞不只在于文字优美，更在于情感真挚，小而优、短而精，设计之巧、表达之美，令人赞叹。

细究起来，致辞与讲话不同，与演讲也不同。它有两个鲜明特点。

一是应景化。致辞往往有特定的应用场景，不论项目签约、开工开业、出征凯旋还是节日祝福等，都是在现场进行或者有时间节点。致辞人一定要寓情于景，与现场互动，情感丰富，让人感觉真实可感，产生代入感，引起受众的共鸣、共情，进而产生吸引力、感染力。

二是仪式化。致辞是社交礼仪的一部分。要体现社交礼仪的特点，充分尊重对方，显示出热情好客、尊敬有加，中间不时互动，对客人或者致辞对象表示热烈欢迎、诚挚问候、衷心感谢，表达美好祝愿，产生号召力和鼓动力。

致辞是机关人员尤其是领导的一项基本能力。结合这两个显著特点，要想做一篇好的致辞，可以从以下六个方面下功夫。

⊙ 其一，开头引人入胜

致辞的开头尤为重要，好的开头可以吸引听众注意力、营造氛围，拉近与听众距离。致辞开头的方法非常多，如以时间开头、以背景开头、以诗词开头等，都是很好的办法。例如：

今天是植树节，我们隆重签约，植下了合作之树、友谊之树，相信这棵树必将茁壮成长，早日成为参天大树。（以时间开头）

饮食穷芳鲜，“淄味”至清欢。作为齐文化发祥地和鲁菜起源地，淄博具有数千年的美食文化底蕴。（以背景开头）

“有朋自远方来，不亦乐乎？”非常高兴与大家云上云下、相约相聚，共同出席2022山东省旅游发展大会。（以诗词开头）

⊙ 其二，情感丰富充沛

与板起面孔的日常讲话不同，致辞是面对面的沟通交流，一定要融入自己的情感。发言中要打感情牌，善于煽情，设身处地、感同身受地了解听众需求。大家共同关心的、经历的、认同的、想听的，就集中精力多讲多说，反复回顾、渲染。致辞者本人要入情，这样听众就会集中注意力。例如：

习近平总书记强调，“伟大梦想不是等得来、喊得来的，而是拼出来、干出来的”。××将向兄弟城市学习，敢拼会拼、苦干实干，当一个长三角的“上进生”，努力与长三角“优等生”一起成长、共同进步。同时热忱期待更多朋友来到××干事创业，与我们一道种下梦想、静待花开。

⊙ 其三，有文采有味道

致辞除了情感充沛，还要尽量有灵性不呆板、有文采不古朴。也就是善用一些好的词句，让自己的语言跳跃起来，体现出时代风格。既不能像在主席台上正襟危坐地板起面孔讲话，更不能像白开水一样毫无味道。例如：

古人云：“上善若水，善利万物。”在中华传统文化中，“水”总是被赋予各种美好的寓意。黄浦江这条上海人的母亲河，绵延入海之前，在这座城市的东北部转了一道弯，画出了中心城区最长的15.5千米滨江岸线，造就了杨浦这一方水土，给这片城市水岸留下了宝贵的资源禀赋和独特的神韵气质。

一湾浦江水，润泽众生，包容万物。一百多年来，东西方文明在这里交融碰撞，历史和现代在这里交织融合，孕育了中国近代工业文明的发祥地，成就了民族工业发展史的13项第一。如今的杨浦滨江，沉淀着“世界仅存的最大滨江工业带”的城市肌理，洗练了“工业风”与“人文景”交相辉映的气质底蕴。

一湾浦江水，奔腾不息，通江达海。杨浦之滨处处是潮涌的激情、澎湃的活力！60.61平方千米的地域里，聚集着复旦、同济等10余所一流高校、18万永远年轻的大学生以及100余所科研机构、1200多家国家高新技术企业，这里是上海创新浓度、人才密度最高的区域之一，这片曾经的工业生产岸线已抖落满身锈迹，向着生活岸线、生态岸线、创新岸线加速蝶变。

一湾浦江水，灵动坚韧，百折不回。杨浦滨江是中国共产党人的初心起航地，目送了周恩来、邓小平等革命先贤赴法留学、追求真理的梦想远航，感召着一代代杨浦人奋楫搏浪、勇立潮头，以敢于创新、敢于争先、敢于攻坚、敢于担当的杨浦精神，蹚出了一条从“工业杨浦”到“知识杨浦”再到“创新杨浦”的转型之路，打开了区域发展的新天地。

⊙ 其四，避免层次嵌套

逻辑跟情感是不兼容的。前面讲到离任发言时，曾提到要避免“一、二、三”或“首先、其次、再次”等这些表示逻辑的字眼。想想看，你读过的哪篇散文充斥“一、二、三”？致辞也是这样，不能像写讲话或者论文一样，叠床架屋、层次嵌套，一层包含着一层，在“一”下面套个搞“(一)”，再下面套个“1”，甚至还有更小的“(1)”或“①”。要知道，致辞一般是不给听众印发全文的，你这样“一”来“二”去，听众怎能不云里雾里、稀里糊涂？

⊙ 其五，语言形象生动

前面提到致辞的应景特点，就是要提前观察好、设想好听众的期待和反应，尽量细腻地展现一些画面，放到工作的“场景”去思考。有时为了写得细腻，可以用对话、描写等手法，把细节描摹出来。语言要散文化、诗意化、抒情化，通俗易懂，生动形象，节奏明快，使听众有兴趣、受感染。根据场合不同，可以庄重典雅，可以慷慨激昂，也可以诙谐幽默，还可以活泼风趣，根据具体情况灵活运用。

⊙ 其六，简洁干练

致辞时听众坐在那里，谁也不想听长篇大论。所以，篇幅一定要短小精悍，一般场合最多两三页纸，1000—1500字基本可以完成任务，做到短、精、巧就达到了目的。

第五节 聚会宴请讲几句：怎样说才显诚意

现实中，很多人认为，机关人员天生善表达、会说话。像同学聚会、婚礼庆典、生日宴会、发小攒局等这些生活场景里，总会让他们说上几句。

这时候，聚光灯下，众目睽睽，不说肯定不行，说差了也不行，说过了更不行。

到底如何说，才让人爱听，是一篇大文章。这里我们以最常见的宴请聚餐为例，谈一谈说话的技巧。

一是即兴脱稿。除非大型招待会领导人致辞需要书面稿，多数宴请都是即兴发言，站起来就说，避免长篇大论及空洞说教。

二是看准对象。不同的对象有不同的心理期待。要提前知道同桌人员的身份，清楚说给谁听，才能说到他们心坎里，才能更好提供情绪价值，发言才更有效果。

三是契合氛围。发言与场面气氛相符，以融洽为标准。正式宴会用正式致辞，日常聚餐用轻松话语。该活泼时不要严肃、该严肃时不要戏谑。

四是遵守礼仪。宴请讲究座次，也讲究流程，要遵循程序。轮不到自己的时候，不要抢着说；轮到自己说的时候，不要退缩。

明确了这些特点，就大体知道该说什么、怎么说了。不论哪种场景的宴请聚会，不管什么身份，一般要表达下面四层意思。

1. 感谢（感恩）：表达对参加宴请的诚挚谢意，表示对平常照顾的感恩。例如，“感谢各位亲朋好友的光临”“感谢各位领导在百忙之中能够来赴宴”“感谢给我这次发言的机会”等。

2. 心情（态度）：表达自己受邀的激动、荣幸、高兴，攒局的谦虚、真诚。例如，“今天很荣幸也很感动，领导能在百忙之中抽出时间参加活动”“能参加今天的聚会非常高兴”等。

3. 回顾（总结）：简单回顾一下以往，引起感情共鸣。例如，“回顾我们共同工作的这两年时间”“回顾我和某某的交往”“回顾新郎新娘相识的那段时间”“总结咱们单位去年的工作”“回顾我们单位前段时间的艰难”“回顾我们大家相识的经过”等。

4. 愿景（表态）：表示祝贺祝福、表明决心、送上祝愿，一般在最后说。例如：“祝愿大家身体健康、万事顺意”“我代表单位向大家表示最美好的祝愿”“祝愿新郎新娘白头偕老、幸福万年”“祝愿我们的工作蒸蒸日上”等。

由此可见，感谢代表的是现在，回顾代表的是过去，而愿景则代表了未来。一般宴请聚餐发言，只要用上“忆往昔 + 谈现在 + 说未来”（又称“昨今明”）或者“回忆 + 感谢 + 祝福”（又称“会赶猪”），大体上能完成任务，不至于出大的纰漏。

举四个例子。

⊙ 其一，和同学好友聚餐，主要是表达真情实意

相聚总是一份情谊。今天我们相聚，真的非常开心。在场的各位，都是几年的老朋友了，说实话，在我心里，你们就跟我的家人一样，今天我们能够有缘聚在一起，非常高兴。来，为我们的友谊干杯。

一日同学，一世缘分。十五年前，我们怀揣着同一个梦想，齐聚 ××，从此情结同窗；十五年后的今天，我们相会在 ×× 酒店，又是为了追忆这份同学情。祝愿我们友谊天长地久！

⊙ 其二，和单位同事聚餐，主要是拉近关系互相帮助

转眼间跟大家一起工作已经有两年了，无论是在工作中还是生活中，大家都对我特别地照顾，我一直想一起聚聚感谢大家，今天大家能给我这个机会，一起坐下来吃吃饭聊聊天叙叙旧，我感到非常的开心和荣幸。我先敬大家一杯，祝各位同事生活舒心、工作顺心。

大家在一起工作这么长时间，也没有好好地聚在一起吃顿饭，今天各位能抽空坐在这里，我非常荣幸也非常开心。大家要玩得开心，祝我们的事业越来越好。

⊙ 其三，和亲戚长辈聚餐，主要是体现家庭温馨、亲情和谐

家人好，一切都好。不论走出去多远，家是最温暖的港湾，回家都是我们最深的执念。家人的工作都很忙，能相聚在一起吃顿团圆饭实属不易。今天难得我们家相聚一次，十分的温暖、亲切。祝愿爸妈安康，阖家欢乐！

家的价值在于传承，最深切的幸福，最厚重的爱，都藏在家里。亲人欢聚一堂，有说有笑，感觉到特别的开心。祝愿家中每个人都平平安安，健健康康，其乐融融。

⊙ 其四，和领导师长聚餐，主要是表达感恩、感谢

刘处长百忙之中抽出时间来参加我们的小聚，真的感到特别的荣幸。感激您这么多年对我的关心和提携，对我的支持和帮助。在以后的日子里，我会在您领导下，更加努力地工作。祝您身体健康，工作顺利！

很荣幸今天能和刘主任一起聚餐，对于我来说是一件非常惊喜的事。我现在心中更多的是感恩，感谢领导在工作中对我的处处包容和帮助，您的每一句话，无疑都是我成长路上的引路明灯，在您手下，我成长了很多，可以说，没有您的苦心栽培，也没有我的今天，向您表示最诚挚的感谢和最高的敬意！

此外，要避免一些油腔滑调的话术，不管怎么说，最重要的还是要体现出自己的诚意。

本章小结

- 讲话的私人场景
  - 晋升讲话
    - 正式场合：端正严肃、铿锵有力
    - 普通场合：态度诚挚、语言坚定
    - 注意事项
      - 把好分寸
      - 目标可行
      - 发言利落
  - 离任讲话
    - 把好主题定位
    - 做好开场切入
    - 共情回忆过往
    - 恰当评价自己
    - 真诚祝福祝愿
    - 力求讲出新意
  - 批评讲话
    - 和表扬结合
    - 对事不对人
    - 表态要真诚
  - 欢迎讲话
    - 开头营造氛围
    - 真挚流露情感
    - 文辞优美生动
    - 避免叠床架屋
    - 不能长篇大论
  - 聚会讲话
    - 把握要求
      - 即兴脱稿
      - 看清对象
      - 契合氛围
      - 遵守礼仪
    - 熟悉内容
      - 感谢感恩
      - 态度心情
      - 回顾总结
      - 表态祝福

第九章

掌控机关“说”的几个脱稿场景

第一节 脱稿讲话，为什么能更吸睛更涨粉

网上一则笑话：

一个领导，临到要上场讲话了，下面几百人已经正襟危坐准备认真聆听，结果领导一摸兜，发现讲话稿没带。领导顿时傻了眼，张口结舌，瞬间一身冷汗。

情急之下领导猛然惊醒，原来是做了一个噩梦而已。

没稿子讲话，对机关一些人来说，就真的是一场噩梦。

很多人注意到这样一个现象：现在不少领导讲话时，越来越喜欢念稿子。无论省市县乡，无论大会小会，无论级别高低，讲话发言带着提前准备的文字稿，几乎成了心照不宣的常态，也成了约定俗成的惯例。省市机关干部念稿子，县乡干部也念稿子，不念稿子讲话的是凤毛麟角，似乎成了另类。很多人不解：如今这些领导，不拿稿子就不会说话了吗？

一个基层工作的朋友讲了一件事：有位乡长，到村里调研生猪养殖情况，和三五个村民围坐闲聊。听完村民发言，他拿出讲话稿，一本正经地念上一通。村民们听得云里雾里、不明所以，可乡长并没觉得有什么不妥，念完就顾自宣布散会了。

这是一些机关很常见的场景。机关讲话，脱不脱稿，已然成为衡量一个讲话能否获得肯定的重要标准之一。

机关有些会议确实需要念稿，如作党代会、人代会报告、传达上级文件、宣布有关决议、法庭宣判或新闻发布等，必须有稿才措辞准确、严肃

庄重，符合情境要求，有些甚至要一字不错地原文传达，保持文稿原汁原味。但一些小型活动，如奠基庆典、座谈讨论、会商研讨、学习交流、基层接访等，也都要念稿，就有些说不过去了。

领导讲话成了领导“念话”，会议发言成了现场“读稿”，而且这种情况愈演愈烈，造成了很不好的影响。有人可能认为，脱稿和不脱稿，不都是象征性地说几句吗？既不耽误发展，也不危及稳定，不是什么大不了的事，有什么关系？机关那么多工作，在这上面纠结的话，其他工作还怎么干？

这是因为他们没有认识到脱稿讲话的好处。

从心理上，脱稿比念稿更容易令人接受。讲话人声情并茂，亲切自然，听众感觉受到尊重，没有隔膜感。

而且，研究发现，脱稿讲话，人们大约能记住材料的四成以上，而念稿讲话，人们只记住材料的10%。可见，脱稿的优势是远远大于念稿的。

⊙ 其一，脱稿讲话可以拉近距离，大大提升讲话效果

就像你和朋友聊天，你说得兴高采烈，朋友在那里闷头玩手机，你肯定很不爽。丢下稿子去讲，就像与听众面对面地沟通，这是一种双方的互动交流，创造了一种“现场感”，拉近了与听众的距离。他们肯定会愿意听、认真听，会场的效果自然会好。

拿稿讲，即便偶尔抬头看一下听众，也是一种单方输出，给人的感觉就是：我把稿子念完了就行了，至于你听不听，效果好不好，那不是我的事情。如果不会脱稿，一边是讲话人拿着稿子闷头就念，一边是听众要么面无表情，要么窃窃私语。这样，该传达的精神一知半解，该部署的任务稀里糊涂，该强调的重点没有记住，会议的效果可想而知。

⊙ 其二，脱稿讲话可以展示水平，更好地塑造个人形象

有人说，在机关，讲台就是展示领导能力水平的“舞台”，会场就是展现个人魅力的“秀场”。一个领导综合素质怎么样，工作能力怎么样，人们往往通过他在公共场合的表现来进行感性的认识和评价。如果大家都念稿子，你能脱稿讲，无疑会展现出一个自信、创新、负责任的形象，展示出亲和力、感染力，让大家“耳目一新”，瞬间对你刮目相看，为自己个人形象增光添彩，也更容易让你吸睛涨粉。

尽管不是说脱稿就一定水平高，但如果闷头念稿，一方面说明不能脱稿，可能是表达能力一般，离开稿子讲不出来，也可能是工作能力一般，对工作不熟悉不了解，业务不熟练；另一方面也说明不敢脱稿，怕说错话被问责，也怕说错话丢人，不敢和群众敞开心扉交流，从侧面看出心理素质一般，缺乏担当；再一方面还说明这个人工作作风漂浮，不善于思考学习，对工作敷衍。这些都体现出一名机关人员的工作能力水平，严重影响机关干部的个人形象。

⊙ 其三，脱稿讲话可以反映作风，有利于树立良好口碑

如果代表本单位，甚至本地区参加对外交流推介活动，能不能脱稿讲话，可能影响更大。你看，在一个推介会上，如果领导能在讲话中脱稿满怀深情讲上一段，无疑会给本单位、本地区加分。

人们常说，话风就是会风，会风反映作风，作风连着民风。领导形象反映单位形象、地方形象。在推介会这样的场合，嘉宾、客人评价一个地方的营商环境、一个单位的精神面貌，往往会通过一次讲话留下第一印象，这是地方治理水平、领导能力素质、干部工作作风的最直接体现。所以说，一个优秀的领导就是一个地方最好的招牌和营商环境。

一段时间以来，习近平总书记和其他中央领导，多次强调要“改会风、

改文风”，要求不要念稿，提倡脱稿，而且身体力行、以身作则，作出了很好的示范。

正如前面提到的，不能脱稿，原因很多：有的是业务不熟，有的是表达能力一般，有的是怕出现口误，也有的是不愿思考，更有的是作风漂浮，敷衍应付。

不管是哪种原因，都需要机关干部提高对脱稿讲话的认识，放下思想包袱、认真对待，努力练习提升业务水平和表达能力，逐步告别闷头念稿，树立好的话风文风，进而改进会风政风。

第二节 发挥式半脱稿讲话：唤醒听众沉睡的耳朵

机关工作常用的脱稿讲话，根据不同场景划分，可以有发挥式、提纲式、全脱稿、即兴讲话四种。按照难度，这四种情况逐层递增：相对来说，发挥式最简单，提纲式难度稍大，全脱稿难度更大，即兴讲话难度最大。

我们先说最常见、用得最多的发挥式脱稿讲话。

很多领导在讲话时带着准备好的稿子，但除了一些向大领导汇报等严肃场合，一般不会从头到尾、逐字逐句地读下来，而是念稿过程中，在开头、中间或结尾即兴发挥，撇开原稿，讲上一段话。这就是发挥式脱稿讲话。

这类的讲话方式，之所以非常受领导喜爱，因为它在既有书面材料的基础上，通过脱稿，或者增加实例，或者分析背景，或者进一步明确任务，这些内容，让原来过于干巴粗线条的书面稿更具体、更丰富、更深刻。对于讲话人来说，也有很多优点。

一方面，手中的书面材料提供了讲话思路和内容，这样可以不用在台上临时思考讲什么内容，也不用担心讲话会偏离主题。所以，正所谓手中有稿、心中不慌，讲话人可以镇定自若、气定神闲。

另一方面，书面材料一般说的都是板板正正的官话。而讲话中，受到书面稿启发而临时脱稿讲的内容，更能看出领导对这一问题的深刻思索、独到见解或更具体详细的要求，更能展示个人思想、水平和才华。

可见，发挥式脱稿讲话，既稳当又灵活，既能传达精神、部署任务，又能展示水平能力，所以领导们只要开口，一般都会脱稿讲几句。

发挥式脱稿讲话，按照作用有以下三种情况。

其一，脱稿介绍背景、原因、来龙去脉。讲话人认为材料没有交代清楚开展这项工作或者采取有关措施的背景，一般在正式讲话的开头说。例如，某单位召开机关青年干部座谈会，讲话人一开头，脱稿讲了一下背景：

> 今天我们以这样的方式纪念五四青年节，很有意义。新时代是奋斗者的时代，新时代青年人应该怎样奋斗，是个值得深入思考的话题。五四青年节之前搞这么一个活动，我很赞成，积极参加。一是借此与机关的年轻同志熟悉一下，也是向各位年轻干部学习的一个好机会；二是关心年轻干部的成长进步是常委会党组的重要职责，这既关系当前人大各项工作高质量推进，也关系未来人大事业的持续发展。下面我简要讲几点想法，与大家做一个交流。不是以领导的身份讲话，而是作为一个比你们年长的同志讲话；不是对领导干部讲的，而是对机关年轻同志讲的，既是对大家提出希望，也是与大家共勉。

其二，脱稿对材料内容进行举例说明。为了让听众更直观、直接理解讲话，讲话人专门列举了与材料相关的事例或实例，或者讲个故事。例如，某地召开先进事迹报告会，领导总结讲话中脱稿举了这个例子：

2014 年，在外经商的 ××，看到家乡发展相对落后，毅然回乡扛起了 ×× 村党组织书记重担。他探索出了“合作社 + 农户”模式，种植优质小麦，在村里建成了肉牛养殖基地、现代农业示范园，带领 ×× 村提前完成了脱贫攻坚任务。2021 年，村集体经济突破 500 万元，位居全市第一位。

其三，脱稿讲不宜以文字材料出现的内容。因材料限于篇幅不能写，或者为防止知悉范围太大而不好写，讲话人专门作出解释。例如，李强总理在任江苏省委书记时曾在一次会议上脱稿讲：

我们现在省内开会，称呼上不要讲尊敬的某某同志，这个东西，你们讲的人也很累，但是可能过去都这么讲。我们听的人也很累，有时候尊敬又不到位，尊敬了我们这两位同志，旁边人又没尊敬。你们也别说，尊敬放在心里，我们以后立一个规矩，过去可能有这个习惯，包括给我们写的报告，给我们写一些什么东西，都不要尊敬的什么，李强同志就李强同志，你要说李书记也可以，泰峰同志就泰峰同志，省长就省长，都没关系，不需要讲这个。有的时候，两个人还都这么称呼，我说可能是一种习惯，今天我借着这个机会讲，尊敬放在心里。

发挥式脱稿讲话，因为相对来说比较容易，操作起来得心应手，很多领导用起来驾轻就熟，用得比较普遍，有时候不让脱稿还很不乐意。但正因简便易操作，在实践中，有时候也会出现这样那样的问题。尤其要注意下面三种情况。

⊙ 一是不能反客为主、长篇大论

发挥式脱稿讲话，并不是全脱稿，而是半脱稿，看稿讲是主，脱稿讲是辅。要以书面材料为主，辅以脱稿讲上一段，而不能本末倒置。

但现实中，有些人脱稿一下子脱了缰绳，完全放飞自我，只要开了头，就完全不顾书面讲稿，也不管会议时间，按讲稿本来 20 分钟能讲完，最多半小时。他们可能不管不顾，又脱稿讲上 30 分钟，说得口干舌燥，还是意犹未尽。即便耽误了下班吃饭，也不在乎。

一般来说，如果讲话材料 4000 字的话，脱稿尽量不要超过 1500 字。当然这 1500 字，可以一次脱稿说完，也可以分成好几次脱稿。

⊙ 二是不能偏离主题，信口开河

开会讲话，肯定有特定的会议主题，准备好的讲话稿也限定了讲话的内容、思路、方向、观点。讲话要依照讲稿围绕中心、突出主题，脱稿发挥只是起到帮衬、辅助、支撑作用，就像写散文“形散神不散”，唱歌不跑调，而不能另立山头、别成一派，讲着讲着讲歪了，成了另外一个主题。

但现实中，有些人讲话却完全忘了这层关系，读着讲话稿突然来了灵感，感觉这个话题该说一说、该强调强调，但慢慢就走入了岔路，像断了线的风筝，越飞越高、越跑越远，扯都扯不回来。在那里信口开河，不仅完全冲淡了会议的主题，甚至口无遮拦。到快散会了，才匆匆回到讲稿，甚至说“有讲话稿，会后印发一下，剩下的我就不讲了”。这是极不可取的。

⊙ 三是不能言语混搭、俗不可耐

讲话稿是书面材料，尽管尽量用短话把它写得像口语，但还是有很浓重的书面味。比如，站位比较高、业务词汇多、逻辑性比较强等，一方面确实条理清晰、思维严密，但另一方面也让人感觉枯燥乏味、可听性不强，缺乏吸引力。

现实中，有些人讲话就特意避免这种情况，脱稿时举些庸俗低俗的事例、说些道听途说的花边新闻、用些粗鄙不堪的语句，说到兴奋点故意求新求异、追求“流量”，放大偶然性小概率事件，耸人听闻，让听众一惊一乍，自己还引以为荣。这就没有了脱稿的本意。

同时，发挥式脱稿语言比较随意，但同样要注意逻辑，语言流畅，不能颠三倒四、翻来覆去来回说。还要注意语言风格，从书面材料的阳春白雪，一下子落到口头的下里巴人，与原稿天上地下，自相矛盾。如果这样，那还不如不发挥，直接照稿子念呢。

第三节　提纲式脱稿讲话：纲举才能目张

写材料的都知道，在正式落笔写正文前，会列一个写作提纲，讲话也是这样。

讲话要讲好，提纲少不了。讲话中如果没有讲话稿，那就要有一份讲话提纲。

提纲式脱稿讲话，就是概括性地列出要讲的条目、要点、层次，概要式地为讲话提供思路、框架和主要内容，提纲挈领、纲举目张。这样，讲话人对讲话主题和内容心中有数，能够按照提纲把材料串联起来，再自行组织语言，补充进去内容，从而完成发言。

相比发挥式脱稿，提纲式讲话因为没有现成的稿子可供宣读，只有框架，文字更少、难度更大，但也有它独特的优势。

一方面，主题明确，不会跑题。提纲是根据会议内容，在认真思考的基础上提前准备出来的，经过了深思熟虑、反复打磨。提纲框架一般比较完整，条理清晰、逻辑完整，按提纲讲不用担心脱靶讲偏，也不用担心会思路中断或者讲不下去。

另一方面，语言生动、贴近听众。相比发挥式脱稿，这类讲话自由支配的语言占了 3/4 甚至更多。个人语言相比书面语言，没有太多的官话套话，更接近口语，很容易理解，听众更爱听，也可以进行互动。现场氛围和会议效果会很好。

正因为此，对于有一定工作经验、掌控驾驭能力较好、语言表达能力较强的人来说，提纲式讲话可以脱离文稿桎梏，自由发挥，展示能力水平、塑造形象。

所以，我们经常看到，有些领导尤其是基层领导，在处理比较紧急的实际问题时，自己从笔记本上划拉几行字，大略列出个提纲，把大概想说的几个意思捋一捋，就单枪匹马赤膊上阵了。

起草提纲的过程，就是整理思路的过程。提纲搭建起来了，讲话思路就有了。同时，还可以加深对讲话内容、内在结构、篇章布局，以及重要段落和关键句子的印象，也就知道上台后怎样组织语言了。所以，我们觉得，还是讲话人自己思考、草拟提纲为好。

常见的提纲式讲话，主要有两种。

一是简要提纲。简单明了列出要讲的几个小标题或主题句，就像画画，寥寥几笔，就能勾勒出很好的轮廓。当然，起草简要提纲并不简单，更不是应付，而要花大量时间进行思考，对要讲的层次、角度、方向，都要思考成熟，确保万无一失，所以它对个人各方面能力要求更高。例如，在一次党性剖析会上，围绕坚持“问题导向”，提出今后努力的四个方面：

1. 心中有党，做政治的明白人；
2. 心中有民，做群众的贴心人；
3. 心中有责，做发展的领路人；
4. 心中有戒，做班子的带头人。

二是详细提纲。除了列出小标题、主题句，讲稿的开场白、主题句下面的小层次、过渡句、关键词、想讲到的或引用的材料如事例、数据、典型等，还有可能用到的好句子，需要讲到的好诗词等，结束句等都详细列出来。当然，这和普通的讲话稿仍然有很大不同。例如，某区委书记在全区干部大会上的讲话提纲：

开场白：今天召开全区三级干部大会，既是一次激励斗志、催人奋进的总结表彰会，更是一次大干当前、决胜全年的动员誓师会。

第一个层次：保持“不争第一就是落后”的进取心，谋就谋定

“不谋万世者，不足谋一时；不谋全局者，不足谋一域”。领导干部必须牢固树立高度自觉的大局意识，自觉从大局看问题，把工作放到大局中去思考、定位、摆布。

1. 谋划工作要抓全局。

2. 谋划工作要抓重点。

3. 谋划工作要抓典型。

第二个层次：保持“不争第一就是落后”的进取心，走就走前

“取乎其上，得乎其中；取乎其中，得乎其下；取乎其下，则无所得矣。”无论做什么工作，只有走在前列，才有可能取得更好的成绩。若要确保各项工作始终走在前列，则必须拉高标杆，勇争第一，敢向高处攀、和强者比、与能者赛，方能抢占制高点，赢得主动权。

1. 走在前列，勇争第一，要拉高标杆、自我加压。

2. 走在前列，勇争第一，要有真本领、有硬功夫。

3. 走在前列，勇争第一，要不畏困难、不惧艰险。

第三个层次：保持“不争第一就是落后”的进取心，干就干好

总书记在中央党校中青年干部培训班开班式上强调：“面对新形势新任务，党员干部一定要真抓实干，务实功、出实招、求实效，善作善成，坚决杜绝口号式、表态式、包装式落实的做法。

对当务之急，要立说立行、紧抓快办，不能慢慢吞吞、拖拖拉拉。对长期任务，要保持战略定力和耐心，坚持一张蓝图绘到底，滴水穿石，久久为功”。

1. 要解放思想抓落实。

2. 要领导带头抓落实。

3. 要创新方法抓落实。

4. 要改进作风抓落实。

结束语：各级各部门特别是各级领导干部，要把主要时间和精力放在抓落实上。要大兴真抓实干之风。把工作项目化、项目工程化、任务清单化、时限节点化、流程标准化、责任明晰化、考核数据化，发扬钉钉子精神，一锤接着一锤敲，积小胜为大胜，积跬步至千里。

如果说，讲话稿是“精装房”，框架完整且精装修，人们可以拎包入住，照文读稿就行；那讲话提纲就是“毛坯房”，只有房子的框架，需要讲话人根据框架自行串联讲话材料，根据会场情况和听众反应灵活发挥。要想完成好，需要注意两点。

⊙ 其一，主题要集中，观点要鲜明

一方面，在其位言其事，讲话人在草拟提纲前，要充分考虑自己讲话时的身份定位，根据身份和会议场景确定讲话内容。提纲的作用是帮助发言者聚焦会议主题，结合个人或单位情况把话讲好，防止发言时偏离主题。同时，为了使讲话内容更明确，听众能够快速准确地获取讲话信息，草拟提纲必须保证主题集中、观点鲜明。最好的办法就是，在标题里直接体现主题。题为文眼，能直接概括讲话的主旨，聚焦讲话的观点。

另一方面，提纲式讲话灵活机动，更能适应多变的会场环境。它不像看文章，读者可以反复阅读以理解文章旨意。在听取讲话时，一旦讲话人的主题不集中，表达散漫，听众很容易抓不住主题，进而失去继续听的兴趣。这时候，既要灵活应变，适当调整提纲，以满足听众需要，又不能过分地扩展延伸，导致发言“刹不住车”，偏离主题，使听众抓不住重点。

⊙ 其二，要通俗易懂，让人爱听耐听

讲话提纲虽然是文字材料，但要用口说出来，那就要遵循听众的听觉规律，符合听众的接受水平，以听众爱听为标准。这时候，万无一失的方法就是列好提纲后，自己打一个腹稿，试着用“观点＋材料”的结构试着讲上几遍。“观点”就是各级小标题，语言简洁、准确，易于让听众迅速抓取核心观点；“材料”就是具体内容，是对“观点”的进一步阐述和延伸，尽量口语化、通俗化，朴素自然、生动具体，不堆砌概念，不装腔作势，听起来顺耳，易于理解，符合口语交流的习惯，让听众听得懂、记得牢，使听众产生感情上的共鸣。

至于用简单提纲还是用详细提纲，完全看个人情况。如果你对工作很熟悉，有关事例、数据烂熟于心，可以简单列一下；如果对工作不熟，驾驭能力一般，担心卡壳短路忘词，提纲就应该撰写得翔实完整，这样更稳妥全面。

第四节 全脱稿讲话：胸中有竹、心中有海

手无片纸，张口即来，这是机关讲话的至高境界。

我们都从电视新闻里看过习近平总书记到基层调研的画面。上百名群众站成人墙，围成弧形，总书记站在他们前面，手握话筒，面带微笑，开口

讲话。总书记那种笃定、自信、温和、自然的神情和姿态，让人感觉既亲切又振奋，充满了亲和力，一下子拉近了和群众的距离，给人以无尽的力量。

网上经常刷到非常火的西安交大原校长王树国的演讲视频。他总能不带讲稿，靠一支话筒，面对台下的数千毕业生，站着把自己的思想观点，睿智淡定地传递给学生。简短的语句里充满对学生的期许，蕴含着丰富的道理，语气平静、急缓有度，就像一缕清风、一股清流、一声召唤、一盏明灯，展示出个人品格，令人动容。就像网友说的："这才是中国大学校长该有的样子。"

疫情期间，一些省委书记、市委书记给医疗队驰援开拔前的动员讲话，情深意浓，激情澎湃，催人奋进；一些领导在面对抢险救灾、紧急动员时的脱稿讲话，极有感染力，让人热血沸腾、群情振奋；一些领导脱稿讲话，情感细腻，长于抒情，在讲话中注入真情实感，用平凡点滴打动人心，让人沉浸其中，久久回味。这都是全脱稿讲话的魅力所在。

试想一下，如果这些场景，领导拿着讲话稿在那里闷头念稿，是不是让人感觉很没劲、很煞风景？

其他的场景，如任职表态、离任发言、奠基庆典、欢迎致辞等这些场合，尽管你非要拿着稿子去念，也没谁拦着你，但效果就完全不同，人们心里自然会高下立判。

能不能全脱稿讲话，是机关干部能力达标不达标、成熟不成熟的重要标志。一次全脱稿讲话，能让你的形象瞬间"高大上"，领导对你的印象瞬间爆棚，你的粉丝也瞬间翻番。尤其是在大领导在的重要场合，如果你汇报时全程脱稿讲上半小时，思路清晰，表达完整，领导肯定对你记忆深刻。和多年默默无闻闷头工作相比，这才是不鸣则已一鸣惊人，真正"一举成名天下知"了。

要承认，相比发挥式、提纲式，全脱稿的难度更大。前两个类型还有文字可以依赖，思维短路、卡壳时还能低头看一下，重新组织语言，全脱稿则手中除了话筒，没有任何可以依赖的文稿。这时候，就要做到手中无稿、心中有稿；眼里没稿，肚中有稿。也就是人们常说的——心里有一片汪洋大海，胸有成竹，才能淡定、平静、自然。

例如，某乡新上任的乡长要发表就职讲话，他脱稿是这么说的：

大家选我为乡长，我在这里保证三不搞：一是在工作布置上，不搞一个师公一道法。过去是甲乡长栽树，乙乡长种瓜，丙乡长抓鱼。领导各取所爱，结果劳民伤财。我乡近几年整体发展建设规划已初具雏形，势头较好，没有必要另起炉灶。因此，我要做到新官管旧事。二是在干部任用上，不搞一朝天子一朝臣。今后干部调整，也只能本着人尽其才、才尽其用的原则。三是不搞新官上任三把火，我主张脚踏实地，饭要一口一口吃，堡垒要一个一个地攻，做到在任一天，奋斗不止……

又如，无锡市委原书记离任，4 分钟全程脱稿讲话，内容简明，言辞真切，引发了在场干部的强烈反响和共鸣。

时间过得很快，蓦然回首，我到无锡工作已经四年零九个月，现在到了告别的时候了。告别的时候，我最想说的两个字是“感谢”。

我要感谢无锡这座城市，雍容而自信、开放而包容，使我有幸在最后的党政生涯于这里度过一段充实而难忘的时光；我要感谢无锡人民，聪慧而勤勉、进取而笃实，让我在履职过程中不断受到激励和鞭策，得到信任和支持，有了坚实依靠；我要感谢无锡老领导老同志，情深而义重、秉公而守正，对市委的工作给予真诚无私的关心和帮助，从中我获得了满满的正能量；我要感谢一起共事的同志们，同心而协力、担责而有为，你们和全市各级干部用实际行动印证了“世上无难事，只要肯登攀”的道理，我为成为大家中的一员而感到自豪和荣光。

告别的时候，心情总是复杂的。此时，我既平静又不平静，平静的是离任顺乎其然，不平静的是熟悉的人和城市不再朝夕相伴；既放下又放不下，放下的是岗位工作，放不下的是对无锡发展事业和人民福祉的牵挂；既遗憾又不遗憾，遗憾的是不少工作没有做到或没有做好，不遗憾的是自己已经尽力了。现在可以无愧地说：我兑现了与无锡干部群众“同心干、一起拼”的承诺。

今年，无锡将高水平全面建成小康社会，并将开启基本实现现代化的新征程。新时代，是新思想指引的时代，是属于奋斗者的时代，是无锡人民不断圆梦的时代。在此真诚地祝愿：无锡事业兴旺发达！无锡人民幸福安康！无锡明天更加美好！

这样的例子非常多，有兴趣的读者可以多找一些体会一下。顺利完成脱稿讲话，要把握好以下三点。

⊙ 一是要充分准备

全脱稿讲话，尽管现场手里没拿稿子，但也要做充分的、精心的、很久的准备，对要讲的内容了然于胸，围绕什么主题、分几个层次、搭建什么框架、大约几分钟、如何开场、怎么结束等，预先进行深入思考，或者列出提纲，或者写出全文，脑子里记牢记好先后顺序。千万牢记，准备时一定不要请秘书或材料员代劳，只有自己思考，才能在上台后知道自己想讲什么、该讲什么、如何起承转合。同时，要打好腹稿，多练习几遍，做到非常熟悉，只有在底下练得流畅了，上台才不会出差错。

⊙ 二是要随机应变

脱稿讲话，就像电视节目的现场直播，有些人不管准备多充分，上台一紧张就出现忘词、卡壳、混乱、颠倒、跑偏等各种各样的状况。这时候要临危不乱，泰然处之。有效的一个办法就是选定3—5个关键词。关键词就相当于在脑中装了一个提词器，万一断电或短路，脑中一片空白的时候，想到关键词，就知道大概要讲一个什么意思，这样可以把话圆起来接下去，从而完成讲话。

⊙ 三是要自然而然

很多人把全脱稿讲话当成了背诵课文。为防卡壳，提前把文稿一字不落地背下来，到台上绞尽脑汁地边想边说。这是个很不好的习惯。一个好的全脱稿讲话，从来都是流畅自如、浑然天成的，看不出来任何表演的痕迹。只要围绕要点自由发挥，把要表达的意思说清楚，并让人听得明白，就可以了，并不需要每个词、每个句子都和文稿一模一样。是不是背稿，听众很容易看出来，会认为你露怯、紧张、做作。退一步说，即便背稿，在台上也要放慢语速，配上手势，与台下适当互动，尽量让人看不出来你是在背稿。

有些年轻人员可能会说，全脱稿讲话只有大领导、一把手才有机会，我人微言轻，根本不用费劲训练这方面的能力。

这么认为就大错特错了。

再大的领导都是从年轻慢慢成长起来的，脱稿讲话的能力也是一点点训练积累起来的，现在各单位都会经常组织一些“青春论坛”“青年说”等之类的活动，给年轻干部脱稿讲话的机会、场合，我们一定要抓住机会，有意识地多多练习。

第五节　即兴讲话：电光石火背后的秘诀

即兴讲话，就是讲话人在事先没做任何准备或者准备不充分的情况下，临场因时而发、因事而发、因景而发、因情而发，作一番讲话。有些类似于“裸考”，是机关很常用的一个场景。

它和全脱稿讲话，有一些相似之处。例如，都不能带稿，都要边想边说，都要构思讲话的框架、主题、层次，都要考虑听众的情绪等。所以有人常对此混为一谈。

其实，两者有着很大的不同。

即兴讲话，重点在“即兴”上。“即”就是立即、当即，速度快、效率高；“兴”类似于《诗经》里“赋比兴”里的“兴”，通过现场观察进行联想、思考，找到自己的启发点、听众的兴趣点。

也就是说，这种讲话事前没有任何的准备，完全属于未知状态，本来只是来听会凑数的，或者突然点名让你做一番讲话，或者觉得自己感触很深想主动谈一下体会，或者参加活动被请上台说一下感受。这时候，当着大庭广众，一味拒绝或一言不发肯定不行，只能开口了。

全脱稿讲话，虽然同样不带讲话稿，讲话过程中也有一些即兴的成分，但已经提前进行了充分准备，有的甚至准备好几天，基本的思路、框架、全文字稿都构思起草好甚至背下来了，万事俱备只欠东风，余下的只是上台讲话。所以相对来说，还算容易些。

最难的是即兴讲话。

即兴讲话的现场发挥性，决定了讲话人除了有好的语言表达能力，更要有快速反应能力、随机应变能力和逻辑思维能力。这样才能根据现场情况，迅速找准讲话的主题，迅速搭建起讲话的框架，迅速调配好讲话的层次，迅速草拟好讲话的主线，迅速思考出开场白、过渡句、结束语等。

很多人佩服央视主持人大赛里的那些参赛者，随机抽题、一分钟准备，他们就能逻辑缜密、浑然天成地讲出一大堆文采灿然的话语，的确令人高山仰止。

机关同样高手如云，能即兴讲出高品质讲话的领导干部并不少见。我们随手举一个普通例子：

今天这个会议，安排我第一个发言，诚惶诚恐。作为组织部门具体负责人才工作的处室负责人，我非常愿意为我省的文化人才队伍建设添一把火、助一把力。借此机会，主要想表达三点意思。

首先是祝贺，祝贺刚刚宣布的100位文化名家暨“四个一批”人才成功入选。我看了一下名单，其中很多专家人才是我多年的老朋友，他们在各自的研究和工作领域卓有建树、很有影响，这次入选确实是实至名归。

其次是感谢，感谢省委宣传部对人才工作的高度重视。文化人才是我省人才队伍的重要组成部分，是软实力的主要创造者。省委宣传部在推进文化人才队伍建设方面创造了不少好做法好经验，不仅有力推动了全省人才队伍建设，更为我们统筹推进各类人才队伍建设提供了有益借鉴，所以我要特别表示感谢。

最后，我在这里重点是表态，我们人才处将配合宣传部职能处室，坚持以文化名家为引领，努力把我省的文化人才队伍建设得更强更大。我考虑，主要可以在四个方面多作努力：

一是打通培养渠道。……

二是加强信息互通。……

三是用好人才成果。……

四是共育名家大家。……

组织部门是党员之家、干部之家、人才之家。作为人才工作的职能处室，我们会尽力配合宣传部门抓好文化人才队伍建设，切实为文化人才做好服务，努力当好大家的“娘家人”。我就讲这些。讲得不对的，请各位领导、专家批评指正。

从这个简短的即兴讲话例子里，可以看出，要想完成一个即兴讲话，构思要快、主题要明、角度要新、篇幅要短、线索要清、内容要亮。做到这六点，基本可以算是一个很好的讲话了。

顺利、完美进行一场即兴发言，提高即兴讲话能力，应该把握好以下三点。

⊙ 一是快速组织语言

电视直播节目，如果主持人出现 10 秒的冷场，那是一场重大事故。即兴发言也是这样，如果点名让你发言，就要迅速把语言组织起来，在 10 秒内开口说出第一句话。一旦听众窃窃私语骚动起来更不好收场。那一刻，脑子要飞速旋转，犹如电光石火，在万马奔腾间快速创作、打好腹稿。首先要找准话题、定好观点、明确框架，尤其是确定好开场白。余下的可以边想边说，不能事先把每一句话都想好。

有人可能开口那一刻头脑一片空白，不知道怎样确定主题，不知道围绕什么去说。确定主题当然是围绕会议主题，如果仍然感觉没什么可说，那就要用发散思维、逆向思维，迅速观察，借题发挥、借人发挥、借物发挥、借事发挥甚至借景发挥，找到突破点。

讲话过程中，如果出现短路情况，可以用之前提到的关键词法，想好每个层次要说的关键词，用好脑中的提词器，重新链接好思路。也可以用一些过渡句、重复一下前面的话，来缓解尴尬。特别注意，整个过程不要抢，不要想着一股脑倒出来，要排好队不慌不忙、不紧不慢地表达，这样既显得从容不迫，也利于整理思路。

⊙ 二是用好套路公式

即兴讲话最令人紧张的，是它的突发性、随机性、偶然性，导致我们无法准备。根本原因还在于思维不够扩散、日常模拟训练不足。

一方面，要学会用好模板。前面我们用很大的篇幅介绍了讲话发言的要素、公式，这些给即兴讲话提供了非常好的结构框架。我们一定要熟练掌握，根据不同场景，拿出不同的公式来应对。例如，“昨今明”“祝感希”等这类的模板，虽然不能保证能讲得让人惊艳，但起码可以让你临时渡过难关。这是一条最便捷、最易于操作、便于掌握的即兴发言技巧。

另一方面，要加强日常模拟。即兴讲话确实没有时间围绕当前的会议准备，但功夫在诗外，它的准备要放在平时、日常。平常我们经常参加机关会议、活动，要主动摆脱听会意识、从属意识，不要觉得没安排发言，就只带着耳朵，倒是轻松自在，但对自己是一种损失。要主动去思考，如果我被临时叫起来发言，这个场合我该讲什么、怎么讲，刻意去训练自己即兴讲话能力。就像高考前的几轮模拟，模拟多了，就会形成一种答题惯性。讲话的主题、框架、层次等都会迎刃而解，即兴讲话自然水到渠成了。

⊙ 三是重视日常积累

可以说，除非突然开了神通，99.99% 的人是做不到临时迸出新想法新词汇的。就像你从来没见过“鹤唳华亭”“水尽鹅飞”这些成语，不可能即兴发言中突然蹦出来；你从来没听过的典故，也不可能猛然间说出来。即兴讲话，不是靠现场拍脑袋，蹦出新想法，而是肚子里要先有“货”。

机关不少人即兴讲话讲得很好，绝不是他爆出的新点子多、创意多，而是他的旧点子多、素材多。即兴讲话中的新点子就像守株待兔，靠运气、靠灵光一闪，很不靠谱；旧点子则像从冰箱里取食材，只有平常多往里面存东西，存的东西多了，即兴讲话时按需取出来，排列组合，才能作出丰盛的晚餐。这就是即兴讲话电光石火背后的秘诀。

正所谓只有厚积，才能薄发。机关干部一定要注重积累学习。大政方针、业务知识、法律法规、职能职责等都要掌握，多读书、多看报、多写材料、多沟通交流，随时做个有心人。手中有粮，才能不慌，多往冰箱里储备物品，才可能吃上可口饭菜。平常不存粮，只等待灵光一闪，岂不是坐吃山空？

本章小结

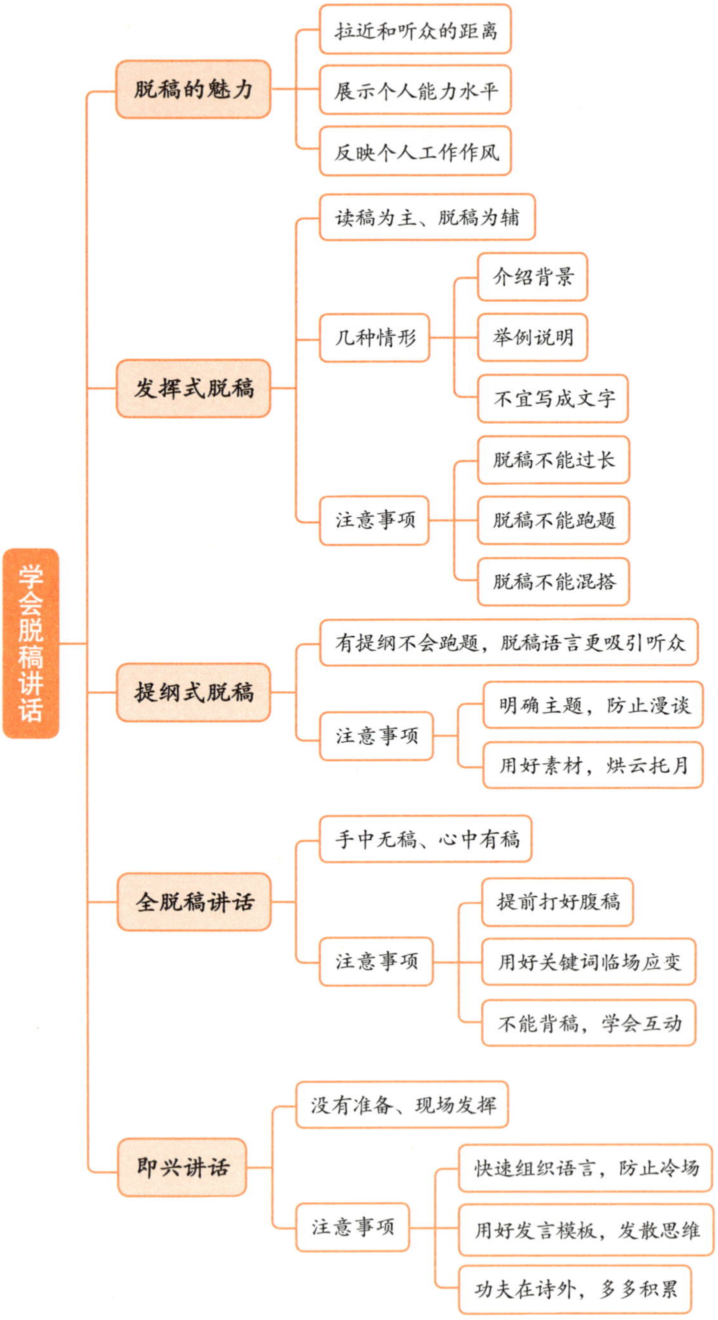

学会脱稿讲话
脱稿的魅力
拉近和听众的距离
展示个人能力水平
反映个人工作作风
发挥式脱稿
读稿为主、脱稿为辅
几种情形
介绍背景
举例说明
不宜写成文字
注意事项
脱稿不能过长
脱稿不能跑题
脱稿不能混搭
提纲式脱稿
有提纲不会跑题，脱稿语言更吸引听众
注意事项
明确主题，防止漫谈
用好素材，烘云托月
全脱稿讲话
手中无稿、心中有稿
注意事项
提前打好腹稿
用好关键词临场应变
不能背稿，学会互动
即兴讲话
没有准备、现场发挥
注意事项
快速组织语言，防止冷场
用好发言模板，发散思维
功夫在诗外，多多积累

PART

出彩篇

第十章

讲话不只是一项技能，更是一门艺术

第一节 不会讲故事的干部，不是好干部

在机关，要让讲话增光添彩，会讲故事是一个极为重要的方式，把它列在“出彩”第一篇，应该是当之无愧的。我们从三个层次谈这个话题。

⊙ 其一，机关讲话为什么要讲故事？

爱听故事似乎是人的天性。从古到今、从中到外，诸子百家、希腊神话，《世说新语》《一千零一夜》等，都是故事或者充满了故事。

故事里有人物、有情节、有情感，引人入胜、扣人心弦、令人着迷，能在讲话人和听众之间搭建一条纽带，让人受到触动、启发、感悟、激励，从而不知不觉接受别人的观点。

机关讲话的目的，是传达方针政策、统一思想认识、部署目标任务、号召动员发动。衡量一个讲话是否有效，要看是不是说服了听众。说服听众，有两种方式：一是讲道理；二是讲故事。

只有理论上清醒成熟，才能指导实践、坚定自信，机关讲话肯定要讲道理，而且有些严肃庄重的场合不宜讲故事。很多人认为，只要让别人懂得了道理，就说服了别人，他们自然会行动起来。这种看法是很偏颇的。实际上，听众的心理很复杂，你讲话时，他们脑子里可能会想：“凭什么？”——“我凭什么要做？”“凭什么是我做而不是他做？”

说服一个人，最重要的不是打动他的理智，而是打动他的情感。

理论是灰色的，而故事色彩斑斓。讲道理必不可少，可以把逻辑讲清晰，把政策说透彻。但我们口干舌燥讲道理，效果却并不一定会好。讲好

故事，往往能事半功倍。

英国作家塞缪尔说："当我们进入故事世界的时候，一切都变得不一样了，我们会自愿放弃怀疑。"你讲了很多道理，听众将信将疑，一个故事就会让你赢得信任、赢得受众，拥有话语权。

所以有人说，一个故事胜过一打道理。

就像作家都是讲故事的高手，能给生硬的道理穿上一件柔软可人的"故事外衣"，一个好的领导或干部，也应该是讲故事的高手。这是一种不可或缺的领导力。

⊙ 其二，机关讲话要讲什么样的故事？

机关讲话不同于其他场合的讲话，不是让人来听"故事会"，也不是来看电影，听完看完哈哈一乐，丢之脑后，而是有很强的目的性。

故事的范围非常广，有历史故事、神话故事、寓言故事、现实故事、身边故事，有人把经历当故事讲、有人把感受当故事讲、有人把数据当故事讲，总之随处可见。从浩瀚的故事海洋中，找到、找准要讲的故事至关重要。

一是故事要扣准主题，讲精不讲滥。讲故事是为了让讲话主题更突出，增强说服力，反映听众的心声，不能为讲故事而讲故事，把故事讲偏了、讲歪了、讲跑题了。故事要精准、精选、精心，防止粗制滥造、过多过滥、滥竽充数。有的领导为了调动气氛、吸引注意力，讲话中随意穿插一些和主题无关的故事，甚至笑话、段子，除了能博人一笑，无助于主题的深化，也有损讲话的严肃性和权威性。

例如，某领导在一次反对形式主义的会议上讲了一个精彩故事：

形式主义无处不在，甚至深入骨髓。有些人把精力和心思全用在了花拳绣腿上。某地农贸市场要求每个菜摊，都要把蔬菜码得整整齐齐，监管人员拉着直线检查，蔬菜是否摆放得"整齐划一”，越线就要罚款。菜是要卖的，不是要看的。身为管理人员，贵在搞好服务，而不是用形式主义来干扰卖菜。这样的做法，不是在进行精细化管理，而是在“用绣花功夫搞形式主义”。

这个故事，把形式主义走火入魔的状态刻画得淋漓尽致，很形象地说明形式主义已经到了触目惊心的地步。

二是故事要简单精练，讲小不讲大。机关讲话是为了统一思想，安排任务，除非极个别的情况，讲故事不宜成为主要内容，就像香菜只能占美食很小的一部分。要尽量选那些情节简单、篇幅短小、切口很小的故事，三言两语就可以把故事说完整，做到以小见大，用“小故事”说明“大道理”。所以，有人把小说中的讲故事比喻成“工笔画”，把领导讲话中的讲故事比喻成“大写意”。

习近平总书记是讲故事的大家。他的讲话，常常用恰当的小故事来传达深意，感染他人。例如，他在纪念红军长征胜利80周年大会上的讲话讲了一个故事：

一部红军长征史，就是一部反映军民鱼水情深的历史。在湖南汝城县沙洲村，3名女红军借宿徐解秀老人家中，临走时，把自己仅有的一床被子剪下一半给老人留下了。老人说，什么是共产党？共产党就是自己有一条被子，也要剪下半条给老百姓的人。

故事人物、事件、情节、情感全都到位，叙述清晰流畅，言简意赅，这样的短平快故事最合适。

三是故事要避免老套，讲新不讲俗。故事越新，对听众的吸引力就越强，就越有说服力。有些故事人们耳熟能详，放到讲话里不仅起不到好的作用，反而衬托出讲话人的学识匮乏。例如，毛泽东讲过“愚公移山”“农夫和蛇”的故事，那时候还比较新颖，现在妇孺皆知，不宜再展开细讲，应该精选相近主题的新故事进行替换。同时，要学会现身说法，用好亲身经历或身边的真事实事，比起过于高大上的故事，会拉近与听众的距离。

例如，在文艺工作座谈会上，习近平总书记讲述了自己的经历：

> 去年3月，我访问俄罗斯，在同俄罗斯汉学家座谈时就说道，我读过很多俄罗斯作家的作品，如年轻时读了车尔尼雪夫斯基的《怎么办？》后，在我心中引起了很大的震动。今年3月访问法国期间，我谈了法国文艺对我的影响，因为我们党老一代领导人中很多到法国求过学，所以我年轻时对法国文艺抱有浓厚兴趣。在德国，我讲了自己读《浮士德》的故事。那时候，我在陕北农村插队，听说一个知青有《浮士德》这本书，就走了30里路去借这本书，后来他又走了30里路来取回这本书。我为什么要对外国人讲这些？就是因为文艺是世界语言，谈文艺，其实就是谈社会、谈人生，最容易相互理解、沟通心灵。

谈爱读书的故事非常多，总书记讲述了自己的不凡经历，显得更为平易近人。

⊙ 其三，机关讲话要怎样讲好故事？

要想让故事讲得精彩，在讲故事的方式上也要注意。

一是要温和亲切。讲故事是以事寓理、以情感人，不能再声色俱厉、横眉冷对、一脸严肃，这样听众才愿意听。

二是要细致描述。故事不是冰冷的说教，只有生动具体才能引人入胜。讲话中要尽量采用描述性的语言，控制好语速声调，抓住关键细节，尽可能展示曲折情节。

三是要叙议结合。讲故事是为了说明道理，要恰到好处地把话题引到主题上去，在叙述的同时，通过议论引申，画龙点睛，水到渠成得出结论，让人的感悟启发更深刻。这样才能发挥故事的最大效用。

例如，习近平总书记在出席联合国维和领导人峰会时的讲话中讲了一个故事：

在联合国维和行动中，已有18位中国军人和警察牺牲。5年前，中国维和女警察和志虹在海地执行联合国维和任务时不幸殉职，留下年仅4岁的幼子和年逾花甲的父母。她曾经写道，大千世界，我也许只是一根羽毛，但我也要以羽毛的方式承载和平的心愿。这是她生前的愿望，也是中国对和平的承诺。

前面讲了感人故事，最后一句话升华，充满情感和力量。

当然，讲故事还要充分考虑自己的讲话习惯和方式，在实战中挑选自己最适合讲的故事，用心体悟，说理和故事转换流畅，不要显得过于生硬，不然肯定会削弱讲话的吸引力和感召力。

第二节 画面感：让讲话更具穿透力

有的人说，开会听讲话时，开始也抱着认真虔诚的态度，很想聚精会神听下去，但听着听着就没了兴趣，恍恍惚惚开起了小差。

为什么会这样？一个很重要的原因，可能是因为讲话的画面感不强。

所谓画面感，也叫现场感，就是讲话中用生动、形象的语言，结合具体的事例和场景，以深入浅出的讲解方式，引起听众的联想和想象，让内容更加立体，形象更为可感，给听众创造身临其境的现场感、即视感。

有没有画面感，感受起来是完全不一样的。

例如，某单位召开年终表彰大会，领导一开头，讲话就缺少画面感，让人提不起精神：

2024年，在县委、县政府的正确领导下，广大干部职工认真敬业，任劳任怨，加班加点，展现了昂扬向上、勇于拼搏、乐于奉献的精神风貌和敢打硬仗的工作作风，推动各项工作取得了优异的成绩，实现了单位与个人“双发展、双受益”。可以说，没有大家的勤奋工作和无私付出，要取得这些成绩是不可能的。在此，我向你们表示深深的感谢！

在全国抗击新冠肺炎疫情表彰大会上，习近平总书记的讲话就充满了画面感。例如：

在这次抗疫斗争中，青年一代的突出表现令人欣慰、令人感动。参加抗疫的医务人员中有近一半是“90后”“00后”，他们有一句话感动了中国：2003年“非典”的时候你们保护了我们，今天轮到我们来保护你们了。长辈们说：“哪里有什么白衣天使，不过是一群孩子换了一身衣服。”世上没有从天而降的英雄，只有挺身而出的凡人。青年一代不怕苦、不畏难、不惧牺牲，用臂膀扛起如山的责任，展现出青春激昂的风采，展现出中华民族的希望！让我们一起为他们点赞！

没有呆板的说教，没有空洞的口号，画面感十足，生动鲜活，即便在几千人参加的庄重会场讲出，也引人入胜。

文学作品一个最明显的特点，就是善于通过描述画面，激发读者的视觉、听觉、嗅觉、味觉、触觉，从而起到滋养精神、沟通情感、提升意志的作用。讲话不同于文学作品，不能用细致的工笔描绘，但让讲话有画面感的办法也有不少，上一节谈到的讲故事，就是一个很好的办法。当然，还有其他的办法。

⊙ 举例子

举例子，和讲故事很像，都用来说明主题、突出中心，可以古今中外，也可以亲身经历。但并不完全相同，两者的区别是故事一般会有情节性，例子则不要求必须有情节；不是所有的机关讲话场合都可以讲故事，但所有的场合都可以举例子。例如，习近平总书记在文艺工作座谈会上的讲话：

> 文艺是时代前进的号角，最能代表一个时代的风貌，最能引领一个时代的风气。“文变染乎世情，兴废系乎时序。”在欧洲文艺复兴运动中，但丁、彼特拉克、薄伽丘、达·芬奇、拉斐尔、米开朗琪罗、蒙田、塞万提斯、莎士比亚等文艺巨人，发出了新时代的啼声，开启了人们的心灵。

⊙ 谈感受

机关讲话谈感受的场景很多，参加了某项活动、完成了某项工作、聆听了某个讲话，把自己情绪上的感染感动、思想上的感触感悟讲出来、讲得到位、讲得出彩，一定会油然而生画面感。例如：

> 这次调研的三个区县，都是在真干、实干、快干、大干，干部群众、投资企业和项目业主的劲头和精气神都很足。“五加二”“白加黑”“三班倒”等在很多园区已成常态。这是弥足珍贵的精神财富。

⊙ 列数据

数据是枯燥的，但数据又会“说话”。一个关键的数据顶得上一堆文字，能起四两拨千斤的作用。列出数据，让人一目了然，就是一幅画面。当然，列数据，不能变成数字的堆砌，要力戒罗列数字，过多过滥会让人心烦意乱。例如：

概括起来说，民营经济具有“五六七八九”的特征，即贡献了50%以上的税收，60%以上的国内生产总值，70%以上的技术创新成果，80%以上的城镇劳动就业，90%以上的企业数量。

⊙ 引用话语

引用是一种修辞手法，即引用他人说的话，让讲话更接地气。还以习近平总书记在全国抗击新冠肺炎疫情表彰大会上的讲话为例，其中引用了“全中国等你痊愈，我们相约春天赏樱花”等话语，让人感触很深。还可以引用诗词、歌词、谚语等，让讲话更有画面感。例如：

大家都记得，有一首歌叫《常回家看看》，唱遍了大江南北。我们举办江苏发展大会，就是向海内外的江苏人发出“回家看看”的邀约，也契合了在外游子的心声。围绕“约在江苏，共筑梦想”的主题，本次大会安排了一系列活动，我们期待着大家为江苏发展建言献策，贡献智慧和力量，也希望大家能多走走、多看看。

⊙ 谈经历

亲身经历或者身边人身边事，最能吸引人的注意力和好奇心。例如，习近平总书记同各界优秀青年代表座谈时，讲了自己在农村插队时刻苦读书的故事。

我到农村插队后，给自己定了一个座右铭，先从修身开始。一物不知，深以为耻，便求知若渴。上山放羊，我揣着书，把羊拴到山峁上，就开始看书。锄地到田头，开始休息一会儿时，我就拿出《新华字典》记一个字的多种含义，一点一滴积累。我并不觉得农村7年时光被荒废了，很多知识的基础是那时候打下来的。现在条件这么好，大家更要把学习、把自身的本领搞好。

打造画面感，还有其他很多方法和技巧，就不罗列了。

需要注意的是，机关讲话不是普通的演讲，追求画面感要有度。画面感不是越多越好，也不是所有讲话、讲话的每个层次都一定要营造出画面感。有些部署任务的庄重场合，就不宜用太多的画面感。只要把话讲清楚、讲到位，就是好的讲话了。如在纪念邓小平同志诞辰120周年座谈会上的讲话：

邓小平同志的历史功勋是全方位的、开创性的，对中国和世界的影响是深刻的、长远的。他一生的奋斗历程，充分展现了对共产主义远大理想和中国特色社会主义信念无比坚定的崇高品格、对人民无比热爱的伟大情怀、始终坚持实事求是的理论品质、不断开拓创新的政治勇气、高瞻远瞩的战略思维、坦荡无私的博大胸襟。他的伟大历史功勋，我们永远铭记；他的崇高革命风范，我们永远敬仰！

这几句话，尽管没有多少画面感，却掷地有声，铿锵有力，令人动容，引起了强烈共鸣。

第三节 手之舞之、足之蹈之：不可忽视的态势语

在庆祝中国共产党成立100周年大会上，习近平总书记讲话最后紧握拳头、振臂高呼：

伟大、光荣、正确的中国共产党万岁！
伟大、光荣、英雄的中国人民万岁！

全场沸腾，现场气氛达到了高潮。

这就是形体语言的巨大能量。

我们在讲话中，除了有声语言，通常还会附加以手势动作、身体姿态、面部表情、眼神交流等这些无声的语言。这些无声语言，是一个人的形体动作，既代表一个人的姿态、状态，也代表一个人的姿势、气势，所以业界人称“态势语”。

“态势语”虽然听不到，但看得见，不可或缺。

前面我们从讲话的思路、逻辑、思维上谈了很多，但一个富有成效的讲话，丰富充实的内容固然重要，恰如其分的态势语言同样非常重要，甚至更为重要。难怪有学者研究得出了这样一个公式：

7% 的讲话内容 +38% 的声音声调 +55% 的形体语言 = 全部讲话信息

这是由美国的艾伯特博士提出来的，我们且不去管他计算得这么精确是不是合理，但确实很多人都有这样的经历：听完一场讲话，如果没有态势语，可能记不清讲的内容；如果有态势语，则会好很多。

讲话时，人的身体最不会撒谎，会通过手势、站姿、表情、眼神等方式，对你讲话内容作出下意识反应，诚实清晰地传达出你的真实感受和想法。

机关讲话中，用好形体语言和态势语，作用是巨大的。

⊙ 一方面，它可以让讲话更准确、更形象，提升讲话感染力

口才界有个说法：“像什么，比是什么更重要。”

有时候，你讲了什么内容并没人关注，讲错几个词、讲不清一两句话

也不要紧，重要的是你讲话中肢体语言的运用是不是很贴切、逼真。

态势语运用得当，可以强调讲话内容，渲染现场氛围、增强讲话情感，对讲话内容起到修饰、补充等辅助作用，让讲话更准确、更形象、更有效，从而提升讲话的表现力、感染力、说服力，弥补有声语言的不足。

我们知道，机关讲话有很强的目的性，要让听众听得进去、行动起来、贯彻落实。一个好的讲话，既要依靠内容，还要依靠“神态”，其实是一场视觉与听觉的双重考验。讲话中，一个自信的手势、一个坚定的眼神，都可以渲染气氛，展现热情、产生很强的视觉冲击力，能拉近和听众的距离，引发听众的共情。

⊙ 另一方面，它可以展示讲话人的气场风度，塑造成熟自信形象

要想看一个人的水平能力，就看一次他的讲话。这是机关考察干部的最好机会，也是一个领导气势、气度、气场的最直观体现，没有之一。

就像着装得体一样，态势语运用得恰到好处，能反映一个人的素养、涵养和气质，可以展示他的成熟、自信、果断。想想看，讲话人迈着稳健的步伐上台，举手投足间展示出不同凡响的风度，可以用手势“打”出他的人格魅力，给人以力量和信心，个人形象一下子就“立”起来了。

反之，如果讲话者紧张害羞，手足无措，低眉顺眼，两手哆嗦，肯定不会让人产生好印象。要么没有任何肢体语言，要么乱用一气，很可能把讲话搞砸，让形象尽毁。

诸多态势语中，我们用得最多的是上肢语言。一来，上肢伸缩自如，在肢体中最为灵活，而且覆盖范围广，活动幅度大，做起手势轻松自然；二来，上肢可以用手指、手掌、手臂、肩膀等表达出丰富多样、不同含义的动作。所以，诸多政治家、演讲家、名人都习惯用手势，甚至形成了个人特有标识。

上肢可以变幻出多种多样的花样，蕴含多种多样的内涵。

比如，按照形态分，指法一般用在强调上，特别指出某项工作或某几项重点；握拳一般表达号召、希望、加油、鼓劲、激励；掌法运用场景更多，有塔尖、仰手、覆手、切手、啄手等，各有各的含义，运用时一定要注意。

态势语是把“双刃剑”，用好了可以让你加分，用得不好可以让你减分。运用形体语言，一定要谨慎，不是你想用就用。要遵循以下四个原则。

⊙ 一是大方自然

当众讲话是一对多的活动。讲台上，每个细小的动作，在听众那里都会被放大。手势动作一定要大方自然、协调雅观，既不能扭扭捏捏、抠抠搜搜，显得小家子气，也不能抠鼻子、挖耳朵、拍桌子，显得没素养。要自然而然地表现出来，出于真情实意，与讲话氛围、内容、节奏相协调，讲到浓处，顺势作出动作，不能让听众产生刻意、做作、僵硬的感受。

⊙ 二是简练有力

态势语的含义是约定俗成的，要让人看懂，不能自创一派。有的人经常作出掐人的手势，自己认为这是表示努力、团结的意思，其实听众的理解却可能五花八门，甚至认为这是表示痛恨、愤愤不平。所以，尽量不要做太繁杂的手势。要干净利落、避免拖泥带水，稍微用力，不能软塌塌、病恹恹的绵软无力。在中间略停顿一下，不要快速收起。

⊙ 三是看清对象

机关讲话场合不同、对象不同，态势语也要有不同。例如，在党代会、人代会等大型场合，尽量保持端正庄重，不用任何手势。对上级汇报和对下级讲话，也要分清。对上级，手势要小一些，不能显得张狂。

⊙ 四是宁缺毋滥

有些人讲话中，手势一直不停，从开头做到结尾，在面前挥来挥去，让人目不暇接，看得人眼花缭乱，冲淡了讲话内容，极不舒服。机关讲话手势要做到以少胜多、以简胜繁，可用可不用的一定不用，要有意识地控制自己挥舞手势的欲望，把手势用在关键地方，真正发挥其巨大作用。

曲不离口、拳不离手。肢体语言就像走路一样，属于行为习惯，有人不敢“出手”，有人手势很难看，有人乱舞一气。要想讲话中作出好的手势语，只有一个字：练！两个字：多练！只要有讲话发言的机会，刻意练习作出手势。如果平常手势过多，则学着练习减少手势。

练得多了，模仿多了，有意识地在讲话中运用起来，从别扭到不别扭，从不习惯到习惯，从不自然到自然，逐渐形成自己的风格。正如有个领导所说：

在讲话中使用手势，要多多“高抬贵手”，逐渐“得心应手”，才能“大显身手”。

第四节 巧笑倩兮、美目盼兮：喜怒哀乐形于色

人们常说：“表情是思想的荧光屏，眼睛是心灵的窗户。”表情语、目光语属于微形体语言，在讲话中起着非常重要的传情达意作用。

机关讲话中，很多人却忽视了这两个微语言，认为它们可有可无。这与工作特有的层级特质有很大关系。有的人尤其是领导严肃惯了，平常一直端着架子、板着面孔，讲话的时候面无表情，一副拒人于千里之外的架

势；有的人平常说话不喜欢和下属目光交流，讲话时始终低头看稿，不抬头看看听众反应，即便抬头看一下，也是目光无神、眼睛虚无。这样的讲话，自然是缺少生气。

我们分别来说一下这两个微语言。

⊙ 首先，关于表情

有人问雅典演说家德摩斯梯尼："对于一个演讲家，最重要的才能是什么？"

他回答说："表情。"

又问："其次呢？"

"表情。"

"再次呢？"

这个演说家回答："还是表情。"

人的面部表情非常丰富，能表达丰富而复杂微妙的情感，传递出很多含义，让语言表达更深刻、直观，也更容易被人接受。

满面春风，代表高兴；脸色阴沉，代表烦躁；眉飞色舞，代表兴奋；神采奕奕，代表得意；容光焕发，代表振奋；面色铁青，代表愤怒……难怪法国作家罗曼·罗兰说："面部表情是多少世纪培养成功的语言，比嘴里讲的更复杂到千倍的语言。"

不同的表情，会带来不同的心理感受。作为听众，会从这些表情得到不同的暗示。例如，讲话时一副微笑的表情，意味着肯定、支持、首肯，可以拉近和听众的距离，增强讲话人的亲和力，消除对方的防范意识和戒备心理，增进感情的交流，提升讲话的效果。你看，习近平总书记在和基层群众讲话时，会始终保持微笑的表情，娓娓道来，侃侃而谈，让人如沐春风。

机关讲话内容繁杂，涉及方方面面，表情也要随内容变化。

讲到部署安排时，表情要肃穆端正，掷地有声，说一不二。如：

统筹抓好发展和安全“两件大事”，严格落实“党政同责、一岗双责、齐抓共管、失职追责”和“三个必须”要求，层层压实责任链条，牢牢守住安全底线。

讲到肯定表扬时，表情要肌肉放松，浅浅微笑，有亲和力。如：

感人至深的是，我们提振精神、激扬状态，形成了竞相发展的生动局面。各部门真抓实干、争先进位，担责履责、争作贡献，广大党员干部冲在一线、干在前线，干事创业氛围日益浓厚，比学赶超斗志更加昂扬。

讲到严格要求时，表情要义正词严，郑重其事，立场坚定。如：

要采取“四不两直”方式，对照问题台账实施一事一监督，对整改不力、落实不到位、整改质量不高、瞒报虚报等行为，通过约谈主要负责人、派驻督导等方式责令整改，严肃追责问责。

面部表情是“说”的重要部分。机关讲话，妥当用好面部表情并不容易，要把握好以下两点。

一是防止“面瘫”。

有的领导一坐在主席台上就呆板僵硬，冷若冰霜，喜怒不形于色，人称“冷脸关公”“铁面公主”，是典型的机关病。这样只能让人揣摩不透心里的想法，感到压抑，自然影响讲话效果和工作落实。

人们常说“察言观色”，既要听讲话的内容，也要看脸色表情。表情要随着讲话主题和内容而变化，无论肯定、批评、禁止、鼓励，都通过表情传递出来，既顺乎自然，又富于变化，能把表情和内容合拍，把听众带入进去，产生强烈共鸣。

二是防止做作。

面部表情的最动人之处就是自然流露，这样才显得真挚坦诚。虚情假意、做作出来的表情看起来非常虚假。皮笑肉不笑，会让人觉得浑身起鸡皮疙瘩。讲到大喜成绩，你表情冷漠，会影响听众心情；讲到严禁事项，你面色柔和甚至嬉皮笑脸，肯定不会起到好效果。

同时，工作性质决定了我们的表情要尽量含蓄收敛，不能过于夸张。要避免出现过于强烈的情绪和表情，如讲话中哈哈大笑、大发雷霆、面目狰狞或者讥讽、傲慢、油滑等，都是不可取的，这样并不能真正感染听众。表情上矫揉造作会让听众感到讲话人逢场作戏，降低对领导的信任感。所以，还是要保持自我的本来面目。

⊙ 其次，关于眼睛

人们常说：眼睛会说话。

尽管眼睛没有实际的声音，但可以表达出高兴、期许、愤怒、悲伤、厌恶、焦虑、痛苦等各种丰富的信息和情绪。

眼睛在人际交往和情感表达中具有极其重要的作用，在机关讲话和演讲中的作用也非常突出。

它可以表明你非常在意听众，让听众感受到受到尊重；可以引起听众对讲话内容的兴趣；可以观察听众的反映，现场检验听众有没有跟上节奏；还可以在讲话人与听众之间建立很好的联系，形成互动。

但很多机关人虽然知道眼神的作用，却不重视运用眼睛，也不知道如何训练运用眼睛。

有的是不敢看听众。讲话是一场心理博弈，有人讲话时紧张异常，不敢抬头看领导、看听众，有的抬头看天花板，有的闷头看稿子，慌里慌张地把话说完。

有的是不会看听众。或者讲话时只盯着主要领导或某个人看，不管其他人；或者眼神虚无，谁也不聚焦看；或者摇头晃脑，左看右看；或者扫视一圈，迅速收回，不敢停留。

这两种方法都是不可取的。

不论会场如何布置，讲话人是坐着还是站着，都是一对多的讲话。要么是在主席台上，面对一排排的听众；要么是椭圆形桌，大家围成一圈的座谈讲话。不管哪种方式，都要把握好下面四点。

一是用好扫视法，环顾全场。

一开始讲话前，先要用目光从左到右、从前到后迅速扫视一下现场听众，尽量照顾到每一个区域、每一名听众。既是向听众打招呼，显示对听众的重视和尊重，更好地调动听众积极性，也是了解现场情况，达到静场目的，更有助于稳定紧张情绪。

二是用好停顿法，停留几秒。

讲话过程中，有的人扫视起来非常快，脑袋左摇右摆，像风扇一样，这样显得很不稳重。目光所及之处，不要迅速移开，要在某个区域或某个人身上停留 3—5 秒。听众对你的讲话有点头、微笑等反应时，一定要给予回应和鼓励，让他们保持倾听讲话的热情，这样才能掌控全场。反之，没有任何停留，会让听众感到被冷落，弃你而去。

三是用好虚视法，避免紧张。

如果会场人数较多，可以用虚视，会给听众一种错觉，好像在看自己。营造演讲者与听众互动的氛围，弥补听众被忽视的交流感，开始集中注意力。还可以通过虚视有效地隐藏自己内心的胆怯或紧张。

四是用好对视法，盯准核心。

每次会议都会有核心人物或重点人物，讲话中要积极主动和他对视，表示对他的尊重和关注。对那些积极回应讲话的人，也要采取对视法，给他们投去亲切的目光。当然，不能死盯着某个领导，不仅让人浑身不自在，也会忽略了其他听众，让人有厚此薄彼的感觉。

第五节　抑扬顿挫、轻重缓急：呼唤机关“好声音”

不管哪种方式的讲话，都要通过“声音”这个载体传递出来。讲话稿不仅是“文字”，更是“声音”，要符合“讲”和“听”的特点，而不能符合“写”和“读”的特点。没有了声音，也就不成为“讲话”了。

没有“声音”，再丰富的内容、再严谨的逻辑、再充沛的情感也表达不出来。

没有用好“声音”，是“把肉埋在饭里面吃”，好的内容或思想无法呈现出来，辜负了材料员们的心血。就像明明一个很好的电影题材，却被不会讲故事的导演拍得七零八碎，票房扑街，让人无可奈何。

一个人的声音声调，在讲话中至关重要。大家应该还记得前面提到的那个公式：

7% 的讲话内容 +38% 的声音声调 +55% 的形体语言 = 全部讲话信息

“声音声调”占三分之一还要多。

如果暂不考虑内容，一次成功的讲话就是一场综合性的“演出”。有人打比方，如果说眼神是光，手势是舞，站姿是骨，形象是韵，那么声音就是线，语调就是色，它们完美配合，才能顺利完成这次“演出”。

鉴于声音在讲话中的重要作用，现在出现了“声音美容”这一新兴职业，据说备受欢迎，很受青睐。

机关讲话对声音的要求同样非常高。

参加会议，如果一个领导声音洪亮，抑扬顿挫，刚柔并济，该快则快，该缓则缓，该轻则轻，该重则重，那么听他的讲话，几乎是一种享受。

如果一个领导从始至终用一个腔调讲话，声音若蚊，语速均匀，声调一成不变，发音含混不清，没有抑扬顿挫，不多久听众就会走神，开起小差。

一场会议下来，哪个讲话听众领悟更深、贯彻更好，不言而喻。

有些领导普通话并不标准，听众理解起来有些吃力，但他能利用声音特色，把话讲得既清楚又高低起伏、富有变化，引起听众的共鸣。

优秀的领导都懂得利用声音声调，把枯燥的讲话讲得栩栩如生，令人爱听。习近平总书记作党的十九大报告，3 个多小时，内容固然很重要，但声音在其中起到了非常重要的作用，才让现场几千名听众听起来聚精会神、津津有味。

机关讲话，想用好声音声调，就要把握“以情托声”原则，让语音富于弹性，准确、生动表达讲话的思想内容。对此，应把握好以下三个方面。

⊙ 其一，管控好声音大小

讲话声音大小，直接关系会议效果。声音太小，像蚊子一样，尽管有话筒，但后排的人听不到或听不清，既会很快让人失去听的兴趣，也说明讲话人缺乏自信、性格文弱。声音太大，像狮吼一样，震得耳朵发麻，也不可取。这样会让人感觉聒噪，心烦意乱，也显得讲话人毛躁，没有涵养。机关讲话声音大小，一个标准就是让所有听众听起来都不费力气，既不需要竖起耳朵、屏息静气就能听到，也不会感到你在刻意提高嗓门喊话。

要想做到这一点，就要有意识地训练自己的声音，通过大声朗读、出声背诵，把气息、气口练好，让自己放开声音，同时提升自信，放开胆量，就能找到适合的音量。

⊙ 其二，管控好语速快慢

讲话的语速快慢，同样关系会议效果。语速太快，慌里慌张，你说不清，听众也听不清，显得你心浮气躁、不够稳重，甚至有攻击性。机关讲话，是为了动员、发动、说服听众，以稍慢为好，这样听众有更多的时间思考、理解讲话内容。当然，也不能慢慢悠悠，半天说出一句话，让人急得跺脚，也会让人感觉你工作拖沓、效率不高。

讲话语速既要考虑内容和情感需要，也要考虑会议类型和场合。汇报工作和部署讲话，语速要有不同。汇报工作，一般标准是 5 分钟 3 张左右的 A4 原稿，也就是 1500 字左右；部署讲话语速可以再稍慢一些。

当然，讲话过程中，不能从头至尾一直以同样的速度，要根据讲话的内容调整说话的速度，做到有快有慢，快慢结合，这样的语速才能吸引听众的注意力。例如，讲到提出要求的内容，语速要快一些：

> 围着项目转，盯着项目抓，扭住项目干，以等不起的紧迫感、慢不得的危机感、坐不住的责任感，撸起袖子干、甩开膀子拼、迈开步子闯，争分夺秒把计划往前排、进度往前推、工期往前赶。

讲到抒发情感的内容，语速要慢一些：

> 打造“两个文明”协调发展的幸福首善地，让城市有温度、生活有温情、人间有温暖，是我们矢志不渝的“幸福理想”。我们将更加努力建设人民满意的幸福城市，让幸福绽放在每个市民的笑容里。

⊙ 其三，管控好语调变化

语调指声音的高低起伏、降低提升、平上去入。它里面融入了情感、情绪，能很好地辅助讲话表情达意。同样一句话，由于语调轻重、高低长短、刚柔急缓等的不同变化，让讲话有抑扬顿挫的感受，可以传达出不同的理解。

有些领导讲话，不管内容多精彩，从前到后，都是一个声调，自然很难提起听众的兴趣。

机关讲话语调要通过抑扬顿挫的变化，体现出贴切、自然、动情。

抑，就是压低语调，往往用于阐释道理、引起关注。如：

教育是国之大计、党之大计。教育现代化，既是重要标志，也是重要支撑，没有教育的现代化，就没有人的现代化，更没有城市的现代化。实践证明，在教育上打下的基础是最有后劲的基础，抢抓的机遇是最具价值的机遇，赢得的发展是最鼓舞人的发展。

扬，就是升高语调，增强能量，用在激励、坚定、果敢中。如：

办好教育是今天的使命，更是明天的希望。让我们不忘初心、牢记使命，为了一代又一代学生的健康成长携手并肩、奋发向前，奋力开创 ×× 教育现代化新局面。

顿，就是暂时停顿，给观众理解、深思、回味的时间。日本企业家稻盛和夫说："说话只要声音一低，你的声音就会有磁性；说话只要一慢，你就会有气质；你敢停顿，就能显示出权威。"在讲完一层意思转入下个内容时，最好能适当停顿一下，可以让讲话更具有说服力和节奏感，抓住听众注意力。

挫，就是转折，积蓄能量，积累语势，等待爆发。如：

刘书记刚才的讲话感人肺腑，不仅全面分析了当前的形势，而且为我们指明了方向，规划了目标，具有可操作性和落地性。今后，我们将认真学习、全面执行，让我们一起实现“共建、共享、共赢”，为建设富美城市贡献力量！

此外，用好声音语调，要把握好几个对比关系，如轻与重、缓与急、明与暗、刚与柔、实与虚等。只有通过对比，才能体现出声音语调或明朗或低沉、或刚强或柔和的弹性变化，使讲话更有层次感。

本章小结

- 提高讲话艺术
  - 会讲故事
    - 为什么讲故事：说服他人的最佳方式
    - 讲什么故事
      - 讲好故事
      - 讲小故事
      - 讲新故事
    - 怎样讲故事
      - 亲切自然，寓理于事
      - 抓住细节、生动具体
      - 叙议结合、引申升华
  - 有画面感
    - 举典型例子
    - 谈真切感受
    - 列关键数据
    - 引经典话语
    - 讲亲身经历
  - 用态势语
    - 作用
      - 提升感染力
      - 打造好形象
    - 技巧
      - 自然协调
      - 干净利落
      - 分清对象
      - 以简胜繁
  - 表情、眼睛
    - 表情
      - 不能没表情
      - 不能假大空
      - 不能太夸张
    - 眼睛
      - 扫视全场
      - 凝视聚焦
      - 虚视互动
      - 对视回应
  - 声音声调
    - 声音大小要适度
    - 语速快慢要适度
    - 声调要抑扬顿挫

第十一章

这些技巧让你一“说”封神

第一节 唯有情感才动人

唐代白居易说：“感人心者，莫先乎情。”

元代汤显祖说：“情不知所起，一往而深。”

我们读文学经典，看影视剧作，阅人间冷暖，无论是现实生活还是艺术作品，共同体悟就是——唯有情感最动人。

比如文学创作，“情动于中而形于言”，内心受到感发、有了情感，然后用语言把它表达出来，才可能写出优秀作品。

机关讲话也应该如此。

领导讲话绝不只是念稿，而是他个人思想、见识、能力、人格等综合素养的反映。讲话水平高低，与很多因素有关，而其中很重要的一点就是看有没有融入情感。

情感是连接讲话人与听众的桥梁。领导的魅力和威信，不是来自职位职级、盛气凌人的表面功夫，而是来源于情真意切、感同身受的内在力量。饱含情感的讲话和缺乏情感的讲话，差的不只是一个马里亚纳海沟。实践充分证明，只有情真意切，讲话才能更打动人心。

但在怎样用情感助力讲话上，不少机关人员却使用不当，把握不准，拿捏不好，大大影响了讲话效果，甚至弄巧成拙。

机关讲话的情感不是表现个人的儿女情长，不是传递家庭的悲欢离合，不是诉说自己的酸甜苦辣，而更多是对家国情怀、人民福祉、群众冷暖、百姓利益的感同身受。

机关讲话的情感，体现出来就是赞扬或批评、支持或反对，是一个人的使命感、责任感、紧迫感等。比如，讲发展，要有对发展的紧迫感；讲改革，要有对改革的使命感；讲医疗，要有对群众健康的责任感；讲养老，要有对老龄社会的危机感；等等。

现实中，不少讲话却缺乏情感。有的照抄照搬，把讲话稿写成了八股文，一开口就是空话套话，枯燥呆板、索然无味，难以引起听众的共鸣。关于这一点，在前面已经谈了一些，这里就讲话中如何运用情感再说几句。

⊙ 其一，机关讲话情感要真诚，不能假惺惺

真诚，就是真挚、坦诚、诚恳。在讲话中，把自己对工作的认识、感慨、期望、决心等传递给听众，让听众在感知内容的同时，既接收了信息，也建立起了情感联系，感受到讲话人的鲜明态度和情感流露，感受到话语背后的温暖与诚意。这就是我们常说的"真情实感"。

这样的例子非常多。例如，某县委书记任职时的讲话：

> 2021年8月来到××，我就作好了"把人生最美好的10年奉献在这块热土上"的打算，作出了"激情干事、接力干事、务实干事、清廉干事"的承诺。从那时起，我将全部身心和全部精力投入××发展事业之中。这几年，我们共同经历了风风雨雨，共同爬过了坎坎壑壑，共同收获了累累硕果。我深深感到，扎根××，是我人生最有幸的机缘；奋斗××，是我引以为豪的毕生荣耀。现在，我血脉里流淌着的全部是××基因和××情结。此次接任县委书记，虽然自己肩上的担子更重、身上的责任更大了，但我充满信心决心。有市委、市政府的坚强领导，有全县上下的热情支持，我们一定能在××建设社会主义现代化的新征程上走得更稳、迈得更快，一定能把"十四五"规划的美好蓝图变为富民强县的美好现实。

一些干部，对政治学习不主动、对经济发展没思考、对社会稳定不上心、对业务工作没研究、对人民群众没共情，讲话时，材料员写什么就念什么，拿来讲话稿就照着读，甚至“张稿李念”，照本宣科，当一个毫无感情的“复读机”。这样，讲出来的话拿腔捏调，矫揉造作，结果自然是虚情假意，听众很难听进去。

机关讲话，一定要用真诚的话语，传递出自己的真情实感，让听众感受到真诚。如果自己把讲话不当回事，敷衍应付，反过来埋怨听众不认真听，就有些苛责了。

⊙ 其二，机关讲话情感要共鸣，不能玩自嗨

尽管人的悲喜并不相同，但机关讲话，要尽量找到与听众的共同点，引发他们的共情，引起听众的共鸣。

只有共情，才能共鸣。机关讲话，要让听众从中感知到讲话的思想、内容、观点、情绪，跟随领导进入讲话的情景，引发感触、感染、感悟，甚至感动、感召，产生情感上的强烈共振。这样，讲话人和听众之间有了“同感”，进而产生“通感”，消除了隔膜，拉近了距离。

例如，习近平总书记在同基层代表座谈会上的讲话：

> 最后，我要强调的是，社会主义中国发展到今天，取得的成就不是天上掉下来的，更不是别人恩赐施舍的，而是广大人民群众在党的领导下用勤劳、智慧、勇气干出来的！在我们这么一个有着14亿人口的国家，每个人出一份力就能汇聚成排山倒海的磅礴力量，每个人做成一件事、干好一件工作，党和国家事业就能向前推进一步。大家来自基层和生产一线，代表各行各业，要坚定理想信念，注重学习提升，矢志艰苦奋斗，从一点一滴做起，把小事当大事干，踏踏实实把正在做的事情做好，靠勤劳双手成就属于自己的人生精彩，共同创造我们的幸福生活和美好未来。

但有些讲话人在台上非常卖力地讲，使出了浑身解数，似乎融入了全部情感，自我感觉讲话非常成功。但听众在台下却是另一番景象，满脸迷惑茫然，不明所以，不知所措。

之所以会如此，原因就在于，讲话人没有找到情感诱发点、情绪触发点，自然无法和听众形成共情，也就不会产生情感爆发点。

⊙ 其三，机关讲话情感要节制，不能没有度

机关干部要带着感情为群众工作。一些情感丰富的领导，工作中真情流露，在特殊场合情绪激动，是很自然、很正常的。而且，这样的领导属于性情中人，不藏不装，可能更能得到领导和群众的喜爱。

比如，这位领导离任讲话，据说因情绪激动哽咽了好几次：

> 我是2018年12月来××工作的，转眼已和同志们朝夕相处了5年的时间。此时此刻，即将与朝夕相处的同事话别，与肝胆与共的朋友分离，与可敬可爱的××父老乡亲分手，我的心情难以平静。5年以来，××的山山水水，××的一街一巷，××的一草一木，时刻萦绕在我的心头，浮现在我的眼前。一幅幅画卷，一幕幕场景，是那么的清晰，那么的难忘，那么的令我眷恋。这5年，大家像朋友、像亲人一样，理解我，支持我，帮助我，维护我。这5年，是我参加工作以来，最顺利的5年，最轻松的5年，最愉快的5年，也是最有成就感的5年。××培养了我，考验了我，锻炼了我。我忘不了在这片热土上和大家工作的日日夜夜，忘不了大家的关心支持，忘不了大家的深情厚爱。我真诚地向全市人民表示诚挚的感谢。

但发乎情止于礼。干部的情绪稳定，是一个人政治成熟的重要表现。机关人员特有的含蓄内敛、庄重严肃的神态，决定了讲话中的情感表达还是不能太过张扬。

机关有自身特点和要求。一方面，我们强调饱含情感，并不是说讲话要讲成抒情散文或配乐诗朗诵。在讲话中表达情感，既要注意恰到好处、贴切自然，又要注意情感表达尺度、表达方法，不宜过于夸张，让人觉得虚伪做作、华而不实。

另一方面，讲话融入情感也要分清场合场景。有些私人化比较浓的场景，如任职离职、欢迎慰问等，可以多融入些情感；而有些比较庄重严肃的场景，如部署任务、汇报传达等，融入情感要收敛一些。

动情过了头，煽情过了头，把庄重的活动，变成了情绪宣泄场，一讲话就让人感到不舒服，也是不妥当的，不仅有损个人形象，也有害机关形象。

第二节 人无我有、人有我新：在新意上做文章

“金风送爽，丹桂飘香”，听到这样的讲话开场，你是不是觉得索然无味，完全没有了听下去的兴趣？

如果讲话总是老一套，没有新意，从听众的角度看，会感觉俗不可耐，很难吸引人，更谈不上打动人；从讲话人的角度看，嚼别人吃过的馍，拾人牙慧，也会感到低人一等。

历史学家陈寅恪要求自己，讲课做到“四个不讲”：

第一，前人讲过的，不讲；

第二，今人讲过的，不讲；

第三，外国人讲过的，不讲；

第四，自己讲过的，不讲。

所以他的课总能推陈出新，深受师生好评。

要想摆脱老套窘境，让讲话高规格、有灵气，就要在新意上做文章。

多数机关讲话，都会提前准备好讲话稿，只有特殊场合下才即兴发言。“写”和“讲”是相通的。我们在《教你坐下来能写》那本书里，专门谈了写材料怎么有新意。想让讲话“有新意”，一定要再重温下那节内容。

前面说过，一个好的讲话是讲话人综合能力的体现，反映出讲话人或者材料员的思想高度、理论修养、政策水平、知识储备、生活阅历、表达能力等。要想讲出有新意的话，就要在这些方面多下功夫。概括起来，有如下三点。

⊙ 其一，讲话新在观点不陈旧，有新意

机关最大的特点是“稳”。“稳”带来的不足就是每年重复性工作多，同一项工作，前年做过，去年做过，今年还要做。有的干部就会有按部就班、因循守旧的想法，以前怎么干的现在还怎么干，以前怎么讲的现在还怎么讲，总不会犯错误了吧？

错误是没有，但对听众来说，却是一种折磨。讲的都是老话，说的都是老观点，谈的都是老角度，没有新思路，没有新角度，没有新见解，没有新观点，人云亦云，讲来讲去都是众所周知的“陈芝麻烂谷子”，让人怎么不失去兴趣？

如果要求机关讲话每次都讲出独到的精辟见解，每次都见人之所未见，言人之所未言，既不可能，也不现实，但至少应该换个新的角度，听众才会感觉新颖。

比如，优化营商环境是各地都在开展的一项常规性工作，要讲出新意确实不易，常规的讲话一般是“提高认识、多措并举、加强领导”，空洞笼统。某领导在全市优化营商环境再出发动员大会上，就别出心裁，作了一番颇有新意的讲话，从思想、作风、服务、效能四个方面对营商环境进行

了全方位的剖析：

一、来一场思想大解放，以真心实意呵护营商环境

1. 优化营商环境是 ×× 开启新征程的时代命题。

2. 优化营商环境是 ×× 争创新优势的战略选择。

3. 优化营商环境是 ×× 实现新进位的迫切要求。

二、来一场作风大整治，以真改实效惠及营商环境

1. 态度“冷”，思想站位不高。

2. 办事“慢”，服务意识不强。

3. 作风“虚”，担当精神不足。

4. 约束“松”，纪律规矩不严。

三、来一场服务大提升，以真招实举重塑营商环境

1. 打造“办事更高效”的政务环境。

2. 打造“企业更满意”的政策环境。

3. 打造“发展更有序”的市场环境。

4. 打造“公权更阳光”的法治环境。

5. 打造“关系更优良”的政商环境。

四、来一场效能大比拼，以真抓实干聚力营商环境

1. 建立责任传导机制。

2. 建立督查考评机制。

3. 建立舆论引导机制。

这篇很有新意的讲话，有的放矢，让听众提高了认识，认清了不足，明确了目标，细化了措施，收获很大。

⊙ 其二，讲话新在素材不俗套，有新料

如果某项工作确实在观点上不好创新、不能创新，很难提出新的见解，

我们可以退而求其次，挖掘新的题材、素材，吸收新情况、新数据，讲出新典型、新故事，让讲话旧瓶装新酒，也能让听众感觉耳目一新。这样的例子非常多。

例如，讲“机关干部要加强学习”这个经常强调的话题：

面对基层千头万绪的工作和层出不穷的新情况、新问题，有些同志会发现，以前学校的课本里是找不到答案的。面对这种情况，显然有些同志很容易出现困惑、迷茫的心理，遇到这种情况到底该怎么办？网上有一句话是这么说的，站在树上的鸟儿，从来不担心树枝会断掉，因为它相信的不是树枝，而是它自己的翅膀。对于我们每个人来讲，学习就是这双“翅膀”。年轻干部要想跟上时代前进的步伐，就必须敢于放下头顶的光环，常怀“空杯心态”，甘当“小学生”，真正把学习作为一种觉悟、一种修养、一种责任，不断“补氧”“充电”，通过学习为梦想插上翅膀，才能在未来的竞争中拥有更多制胜资本，立于不败之地。

又如，讲“党员要发挥模范带头作用”这个很常见的话题：

我们村5000名群众就是土地，185个共产党员就是种子。种子要开花结果，首先，这个种子要是好种子。如果是坏种子，即便种得再好，也开不了花结不了果，这就是说我们共产党员自己要优秀，要能发挥先锋模范作用。其次，这个种子一定要埋在土里面，才会生根、发芽、开花、结果。这就是说共产党员和人民要紧密结合，如果种子没有种到地里面，是飘浮在空气中间，就不可能生根发芽。种子只有和土地紧密结合，才会生根，才会开花；党员只有和人民群众紧密结合，才有凝聚力、战斗力和创造力。在乡村振兴的大舞台上，我们的党员同志要扮演好角色，要积极带领广大群众发展特色产业，壮大村集体经济，增加村民收入；继续推进农村人居环境整治，改善村容村貌，打造生态宜居的村庄。要引导广大群众主动、自觉、积极参与乡村振兴各项工作，掀起全民参与支持乡村振兴的工作热潮。

“巧妇难为无米之炊。”用新料，首先要有新料。这就需要讲话人和材料员们一定要当个有心人，平常注重积累、复盘，关注热点，留意日常，提升阅历，细心观察和深入思考。看到了什么、听到了什么，思考这件事的意义是什么，启发有哪些。

用心记住这些细节，通过整理归类、温习总结、加工提炼，不断演练和优化，转化成自己的素材。素材足够多了，我们就可以脱口而出、出口成章了。

⊙ 其三，讲话新在语言不老气，有新词

机关讲话要想人们爱听，除了创新观点、角度、素材，“攻心为上”之外，还可以通过愉悦听众的耳朵实现打动人、说服人的目的。好的讲话既要知道听众想听什么内容，也善于用生动的、鲜活的、新颖的语言，把思想和情感形象地表达出来，吸引听众的注意力。这样的例子同样很多。

例如，滨州市委书记在“鲁商回家乡”活动上的致辞，用 5 句话解析了企业家像“家人回到了家乡”“一家人不说两家话”，很有新意：

1. 家是永恒的根。在滨州，永恒体现在哪里？永恒就体现在企业成长有根上。

2. 家是巍峨的山。在滨州，巍峨体现在哪里？巍峨就体现在产业厚实如山上。

3. 家是浩瀚的海。在滨州，浩瀚体现在哪里？浩瀚就体现在开放包容似海上。

4. 家是炽热的火。在滨州，炽热体现在哪里？炽热就体现在

创新聚团成火上。

5. 家是和煦的风。在滨州，和煦体现在哪里？和煦就体现在服务如沐春风上。

又如：

年轻干部还有一些"度"也要把握好，比如，要计算但不要算计，"机关算尽太聪明，反误了卿卿性命"；要团结但不要结团，不能搞小圈子、小团伙；要斗争但不要争斗，做勇于斗争的"战士"，不做爱惜羽毛的"绅士"；要碰硬但不要硬碰，为什么呢，因为硬碰总会碰碎、碰死。

没有新意的机关讲话，领导不愿讲，听众不愿听。我们要在思想上有"讲新话"的意识。接到讲的任务，就要思考怎样和以前讲的、和别人讲的不一样，摒弃陈旧、老套的观点、语言，尝试变换思维方式、论述角度，从新的视角、新的思路分析。既追求主题、观点上的新，也追求素材、语言上的新。

当然，创新不易，需要付出更多艰苦，也唯其不易，才更显珍贵。能让现场氛围熠熠生辉，让听众满怀期待、听有所获，值得我们付出努力。

第三节　写短文、讲短话

"下面我再简单说两句。"

这句话名列"网友最反感的 10 句话"之首，很多人听到就会心生厌烦。人们怕的不是这几个字，而是之后滔滔不绝的长篇大论。

尽管中央一再强调，要写短文、说短话，提倡短、实、新的文风、话风，但长文、长话却屡禁不止，难以除根，真是“野火烧不尽，春风吹又生”。

机关当然有很多短而精辟的精彩讲话，但也有不少乏味的讲话。有些干部，只会讲长话，不会讲短话。他们有意无意把讲话添枝加叶，短话长说，有的振振有词、铿锵有力，有的夸夸其谈、信口开河，有的故弄玄虚、哗众取宠，有的高谈阔论、云山雾罩，有的言不由衷、言过其实等。

这些冗长的讲话，看似面面俱到，实际上离题万里，有数量没质量，有长度没深度。要么一副谆谆教诲的派头，把听众当成小学生；要么一副深不可测的派头，故意让人听不懂。听这样的讲话，走又不能走，听又听不进，实在令人苦不堪言。

就像某地一领导，特别喜欢开会讲话。他的会有两个特点：一是范围大，一开会就直插基层，要求从市到街镇，都要视频参会，还要求会后各级要层层开会，抓好传达贯彻；二是时间长，经常从早上 8 点开到中午 1 点，搞得大家饥肠辘辘。关键是这领导说话慢慢悠悠，没什么具体事情，在那里东拉西扯。时间全耗在开会讲话上了，哪有时间去现场？

机关要统一思想、交流情况、推动工作、解决问题，肯定免不了开会，开会自然要讲话。如果研究的问题比较复杂、比较长远，需要讲长话，当然没问题。像党的十九大报告，3 个多小时，也不觉得长。但一些场合，讨论的问题很简单，措施很明确，一两句就能说清楚，非要拉拉杂杂讲上三五个小时，就很不妥当了。

⊙ 一方面，机关为什么有人热衷于讲长话

机关讲长话，背后的原因很多，固然有实际需要，有些工作确实很重要很复杂，需要多讲才能讲明白、说到位，但更多的是某些干部的心理作用。

一是想展示重视程度和亲和力。有些人认为，只有开大会、开长会、

讲长话，才说明对这项工作重视，空前支持这项工作。讲得少，既说明对工作敷衍应付，也会显得自己思想包袱重。讲得多，做这项工作的听众会感觉被重视和关注，能增强工作动力和团队凝聚力。所以，有些领导就故意把短话讲长，甚至拉家常扯闲篇，让听众感受到领导重视，自己还树立了平易近人的形象。

二是想展示自己的权威与影响。有些人很享受坐在主席台上居高临下、一览众山小的感觉。一讲话，万籁俱寂，鸦雀无声，听众抬头仰脸以崇拜尊敬的眼神望着自己，那种唯我独尊的感觉让他很是陶醉，这是炫耀个人能力水平的大好机会。自然滔滔不绝、挥斥方遒，讲着讲着就刹不住车，越扯越多。他们把讲话当成了个人“秀场”，把表达当成了表演，把表态当成了表现。

三是想掩饰自己的弱点和短板。有些人认为，只有讲长话、写长文才能显示自己能力水平。而对情况不了解、不熟悉，抓不住事情的要害，做不到有的放矢，明明三句话能说完的事情，非要说上 3 小时，以掩盖自己的心虚、短板。

其实，讲短话，是对一个人逻辑思维能力、分析归纳能力、语言表达能力的综合考量。一个高质量的短话，既有思想观点，又有事实依据，还有办法措施，更有兜底保障，能上接天线下接地气，让人听得懂、记得住、用得上。用最短的话抓住事物的本质和问题的核心，把思想和观点表达出来，更能真正体现能力水平。

毛泽东、邓小平都是讲短话的高手。毛泽东的《为人民服务》700 多字，邓小平的南方谈话才 7500 字，都是里程碑式的讲话。习近平总书记也精于讲短话。他出席香港回归祖国 20 周年大会，在机场作了一个 300 多字的脱稿讲话，情真意切、温暖人心：

时隔 9 年，我再一次踏上香港这片土地，感到很高兴。香港，一直牵动着我的心。再过两天，就是香港回归祖国 20 周年，这无论对国家，还是对香港，都是一件大事、喜事。

我和中央代表团这一次访港，主要是三个目的：

一是表达祝福。热烈祝贺香港特别行政区成立20周年，取得的巨大成就，衷心地祝愿香港再创辉煌。

二是体现支持。20年来，中央一直是香港的坚强后盾。中央将一如既往地支持香港发展、改善民生。

三是谋划未来。我们愿同香港各界一道，回顾香港20年来不平凡的历程，总结经验，展望未来，确保“一国两制”行稳致远。

我期待着，接下来亲身感受香港这些年发展的新气象、新变化。我相信通过在港的一系列活动，一定会增强我们发展香港、建设香港的信心。

⊙ 另一方面，怎样才能把话讲短

讲短话，就是把一件事情、一项工作、一个想法或见解，用最简练、最精准、最具感染力的语言说明白。讲短话能减少坐而论道，节省出时间和精力去办实事。所以，人们都喜欢开短会、看短文、听短话。

要把话讲得既短又好，不是一件容易的事。既是对讲话人个人能力的考验，也是对讲话人工作作风的考验。

一是思想上要有长短意识。一定要走出观念上的误区，不能认为讲得越多越重视，长篇大论才能体现水平。讲话之前，要想明白，怎样讲才能用最少的话把问题简明扼要、言简意赅地讲清楚。如果像滑西瓜皮，肯定会越扯越多。尤其不能故意把短话拉长，把众所周知的道理再翻来覆去讲个不停，生怕别人听不懂。

二是要注重日常学习思考。要把话讲短，一针见血指出问题所在，提出有针对性措施，就要对所讲的工作有充分了解和思考分析。在此基础上，通过归纳、提炼、概括、总结，讲出务实管用的话。这是对讲话人和材料员的极大考验。如果平时不注重积累、日常不注重学习，肚子里没知识，脑子里没思考，肯定讲不出高质量的短话。

例如，某县委书记在工作作风会议上痛批干部的不良做派：

现在一些干部存在下面10种做派：坐而论道、评头论足、动口不动手的"君子"做派，只要工资奖金不少、不贪也不干的"躺平"做派，绕来绕去、抽象肯定具体否定的"内卷"做派，人很忙事没动、水面打滚、一问三不知的"点卯"做派，谁能干谁干、不会就不干、我弱我有理的"巨婴"做派，花拳绣腿、重痕不重绩的"演员"做派，对领导唯唯诺诺、对群众颐指气使的"官僚"做派，只想当官不想干事、只比待遇不比责任、只比资历不比贡献的"怨妇"做派，看透不说透、栽花不栽刺、不敢得罪人的"老好人"做派，当面不说、背后乱说的"两面人"做派。我们要坚决向这些做派宣战，为新时代强县建设彻底扫清障碍。

这10个做派，如果展开说，会让讲话拖沓冗长，这样概括凝练、准确、传神，听众一听就懂。

三是减少叠床架屋。前面提过，有人讲话喜欢"套娃"，大层次里面套中层次，中层次里面套小层次，小层次里面套微层次，一、(一)、1、(1)、①，A、a、(a)、Ⓐ、ⓐ……跟剥洋葱似的，听得人不知道今夕何夕，讲了几层、谈了几点。这样的长篇讲话，效果肯定很一般。

例如，某省长在第二届文化旅游推介会上讲了三句话，言简意赅：

第一句话：去年，我们首战告捷、精彩呈现。

第二句话：今年，我们接续荣光、再造辉煌。

第三句话：未来，我们持续发力、四色辉映。

可见，只有讲到点子上，抓住要害处，才能挤出讲话的泡沫，让讲话摆脱官腔官调、八股套话，达到"句中无余字，篇外无长语"的目标。

第四节 怎样让讲话有气场

就讲话来说，不少机关干部尤其是年轻干部，会有一段时间的自我否定期：怎么自己讲话时不像领导呢？

你看，领导讲话时泰然自若，谈笑风生，语气坚定，眼神到位，手势自如，一副自信满满的派头，很自然地成为听众瞩目的焦点，给人不怒自威的感受。

这就是领导的气场。

气场，很像中国传统文化中的“气”，尽管一下子说不出来是个什么东西，但又确确实实存在着，且能让人感受到。它融合了经历、修养、学识、能量、脾性、心态等，是一个人内在品质、综合素质的外在呈现，体现了个人魅力。

气场强大的人，好像周边有一个能量场或者磁场，所到之处，身边人就能感受到他的权威性和影响力，不由自主地被吸引。

怎样让自己的讲话有气场呢？

⊙ 一方面，从内在修为来说

人有气场，会影响他的讲话也有气场。讲话有气场，这个人一般也气场十足。回味一下我们聆听过的好讲话，再看看这个人，是不是有这种感觉？

可见，气场是和一个人气度、气势密不可分的。

先看气度。

在机关，一个人特别是领导干部要有气度，这是工作的需要。

一个有气度的领导，往往思维宏观、视野开阔、胸怀宽广，既能洞察世事，又稳重成熟，胸中有天地，笔下有乾坤。他们讲话，会体现出一定的责任心和使命感，有责无旁贷、坚定不移、义不容辞的感觉。

要具备敢于担当、敢于负责的品质。无论在什么岗位，都要尽职尽责、忠于使命、锐意进取。"为官避事平生耻。"一个青年干部老于世故，没有锐气，丧失朝气，缺乏勇气，这是青年干部成长的一大忌讳。特别是在复杂多变的情况下，要敢于直面矛盾、直面困难，靠前指挥、敢于碰硬，不断创造经得起实践、人民和历史检验的业绩。

再看气势。

机关干部要有一定的气势。处理工作，有气势才能指挥若定、纵横捭阖，凝聚共识，激发干劲，有胆识和气魄，有号召力和凝聚力。体现在讲话上，就是慷慨激昂、排山倒海，势不可当的豪气大气、硬气霸气，让人感受到讲话人的坚定态度和强大力量。例如：

以"黄沙百战穿金甲，不破楼兰终不还"的决心勇挑重担，以"千磨万击还坚劲，任尔东西南北风"的坚韧拼搏奋进，以"长风破浪会有时，直挂云帆济沧海"的豪迈开拓进取，以"沉舟侧畔千帆过，病树前头万木春"的乐观砥砺前行。

气度是基础、是根基，气势和气场都建立在上面。

有人把气场等同于气势，也是不够准确的。固然很多讲话有气势，但气势强大绝不是优秀讲话的唯一标准。

好的讲话就像春天的繁花，多姿多彩。每个人习性不同，往往有自己的讲话风格。内容上，有的喜欢大讲形势，有的喜欢讲点理论，有的喜欢引经据典，有的喜欢直截了当；形式上，有的豪气冲天，有的排比对仗，有的风趣幽默，有的朴实无华；等等。不管哪种类型，讲话人都可以形成自己的气场。

可以这样说，作为机关干部尤其是领导，一定要有一定的气度，这是气场的基础。如果心胸狭窄，很难讲出大气磅礴的话来。

讲话也不一定非要追求雷霆万钧的气势，涓涓细流同样有别样的风味，它们都可以有自己的气场。如果含胸驼背、结结巴巴，就会让人感觉没有气场或气场太弱。

⊙ 另一方面，从外在行为来说

讲话有没有气场，是从外在行为上表现出来的。一定通过合适妥当的行为，让别人感受到自己的气场。

一是管理好形象。

机关干部讲话前先得把自己拾掇拾掇。着装要得体，庄重大方、整洁美观，让人看起来舒服顺眼，不能头发蓬乱、皱皱巴巴、邋里邋遢。当然也不能浓妆艳抹、过度化妆。还要表现出一定的礼貌礼仪，尊重听众，表情自然，既不能居高临下摆架子，也不能畏畏缩缩往后躲。起码做到抬头挺胸沉肩，展示出自信。千万不能怯场，即便心里非常紧张，也要看起来很自信的样子。

二是管理好声音。

一方面，声音一定要大、要洪亮。不管是大领导还是小干事，只要当众开口讲话，就要把声音放开。不管有没有话筒，都不能小声小气、怯声怯气，不然会显得拘谨腼腆放不开。另一方面，既要流畅，也要控制好语速。在机关，不流畅会削弱权威感。慢是体现沉稳气场的重要方式。一开口，就要有意识地提醒自己，一定要把语速降下来、慢下来。有稿子要慢，没有稿子也要慢；有把握的慢，没把握的也要慢。火急火燎，让人感觉极不稳当。

三是管理好语言。

一方面，要尽可能分出要点和层次。不管内容长短，最好分出第一、第二、第三来。这样既能让自己思路清晰，也能让别人听得明白。要注意，层次不能太多，不能分个十点八点的；也不能太厚，跟“套娃”似的，都会让人抓狂。另一方面，要减少语气词。避免说“嗯、噢、哦”“这个、那个、然后”等口头禅，这些语气词不仅没有什么意义，还让你显得不够专业，更会减弱气场，让你给人一种不敢肯定、缺乏气势、唯唯诺诺的感觉。

四是管理好肢体。

关于手势、表情、眼神等态势语，我们在前一节里已经谈了不少。这些都是一个人内在修养的外现。不少人因为这些不起眼的小动作，影响了形象，气场全无。眼神一定要敢于直视、坚定有力，不能躲闪回避；手势要尽量减少，不能在台上抠鼻揉眼、抓耳挠腮，任何小的动作都会被听众放大；表情要自然放松，神态要庄重严谨，不能过于随意，也不能过于紧绷。

五是管理好金句。

讲话中用一些更高级的说法，用上几个金句，也会大大提升个人气场。比如，要想有气势，可以多用排比句；要想有文采，可以多用诗词；想让人感兴趣，可以多讲故事。这些金句，可以提升讲话的文化内涵和深度，引起听众的共鸣和思考，展示讲话人的文化底蕴和修养。当然，我们用金句，一方面要注意和讲话内容的关联性，服从于讲话内容，不能为了显摆乱用一气，另一方面，要注意把握度，不能太多太滥，弄得形式主义严重。

“心正则话正”。提升气场是个慢功夫，需要品德修养、讲话内容、表达形式的完美融合，最根本的还是要以自身修为打动听众、影响听众，不能为了气场而气场，使讲话成为拿腔拿调的表演。不然，引起听众的逆反心理，肯定会有损讲话的效果。

第五节 一定能找到属于自己的高光时刻

奥运会上，全红婵惊人一跳，水花奇迹般消失，看台上一片惊叹声、鼓掌声、口哨声；郎朗用一架钢琴、一张木凳，完成一次精妙绝伦的演奏，漂亮的滑音结束，沉寂片刻，音乐厅观众全都起立鼓掌；成龙刚出道时，连跑龙套的群众演员都不是，比配角还差很远，但靠一股拼劲韧劲，成了国际巨星……

这是明星们的巅峰时刻、激动时刻、高光时刻！

作为普通人，也有小确幸的高光时刻。尽管不够高大、不够光鲜亮丽，它或许是一次见义勇为的行动，或许是考试成绩突出得到了小红花，或许是考中了心仪的大学，又或许是一次演讲比赛拿到了第一名。

机关讲话也是这样。

每个人都期盼自己有绝佳的口才，讲话时侃侃而谈，流畅自如，激情澎湃，声情并茂，彻底打动听众。讲完最后一个音节，聚光灯照在自己身上，听众发自内心地长时间热烈鼓掌，甚至有人站起来，大声喝彩——那是属于讲话人的高光时刻。

高光时刻，当然让人无比激动、无比幸福、无比自豪，那一刻的瞬间满足，可以弥补包括时间、精力、心血、情绪等在内的所有艰辛。

让一件事情达到巅峰、发出耀眼光彩，需要日积月累、水滴石穿的坚持。全红婵的辉煌成就背后，是无数次的汗水与坚持；郎朗从 7 岁开始，每天坚持练琴 6 小时，这样坚持了 20 多年；成龙为了镜头更逼真，高难度的搏命动作也不用替身，多次被摔伤……

道理很浅显，要想享受高光时刻的荣耀，只有洒尽汗水。

提升口才比起其他技能，从训练的艰难程度上说，有过之而无不及。有些人经过几次表达不清、脑中空白、思路混乱、词不达意等现实打击，陷入了自卑、苦恼、焦虑、烦躁的境地，开始躲避讲话、应付讲话，最终彻底放弃。

提升口才是个缓慢的过程，绝没有一剂见效的灵丹妙药。如果说有，那有且只有一个：

持续精进!

前面说过，说话是个系统工程，涉及学识、思维、理解、倾听、逻辑、情绪、语言组织等，单一方面的训练、学习，都难以达到理想的效果。

只有综合施策，在以下这九件事上持之以恒，那么你的嘴笨、反应慢、逻辑乱都会迎刃而解。

⊙ 一是早起跟读新闻

央视、央广的主持人、播音员字正腔圆，发音标准，跟着他们读新闻，可以很好地练习发音，把自己的方言口音彻底去掉。此外，新闻稿件逻辑性强，简洁干脆，每天跟读更可以养成条理清晰的表达模式，提高语言逻辑思维能力。坚持下去，很快就会改善说话不流畅、语音语调不规范问题。推荐的节目有《新闻联播》《新闻和报纸摘要》等。

⊙ 二是通勤路上听演讲

每天通勤耗费 1—2 小时，非常枯燥。很多人用来追剧、听音乐。如果把通勤时间用来听一些精彩演讲，一定会对口才提升有极大作用。人是善于模仿的。听听人家怎样选择演讲角度，怎样逻辑推理，怎样用好起承转合，能启发自己的思路。推荐《主持人大赛》《超级演说家》《TED 高分演讲》等。

⊙ 三是社交时间练复述

前面我们专节谈了复述的重要性。和领导、同事、朋友闲聊时，可以有意识地复述听到的新闻、看到的事件。立足把事情说清楚，把观点说明白，让别人听得懂、感兴趣。复述的时候，可以主动调换角度和顺序，增加复述的难度。时间一久，逻辑思维能力会明显得到提高，记忆力和表达力也会提升。

⊙ 四是午休时看语言节目

利用午休时间，可以静下心来看一些语言类的节目，如辩论、访谈、朗读、采访等。这些节目比较轻松，又有一定深度，看看别人是怎么聊天、怎么应答、怎么做到周到严密的，潜移默化会提升自己的逻辑能力和表达能力。推荐《奇葩说》《朗读者》《锵锵三人行》等。

⊙ 五是碎片时间练绕口令

类似于相声演员要熟背贯口《报菜名》练嘴皮子，绕口令虽然“拗口”，但可以锻炼舌、唇、齿相互配合的技巧，还可以当作“口腔体操”，常常练习能令人口齿伶俐，反应灵活。根据个人的发音不足，自行选择是练习唇部、舌部还是练习憋气等。优点是可以用碎片时间，随时随地练习。

⊙ 六是每周模拟一次即兴发言

即兴发言是口才中的珠穆朗玛峰，难度大要求高，不是一般人所能驾驭的。很多人自认为口才很好，也在即兴发言中折戟沉沙。它需要大量的模拟，来训练短时间的反应力、思考力、逻辑力、表达力。最好的办法就是模拟。给自己提出要求，每周在家里或私人场合，自拟题目，作一个 5 分钟的即兴发言，把桌椅当听众，“一本正经”地讲给它们听。时间一久，奇迹就会发生。

⊙ 七是晚上睡前读书

读书积累对修为养成很有好处。口才输出需要有灵感和才华，只有输入多了，才能输出高质量的话语。忙碌了一天，睡前放下手机，捧起一本书静静地读上几十页，效果非常好。开卷有益，只要读就会有收获。如果想尽快提升表达能力，可以读些口才方面的书籍。推荐《影响力》《关键对话》等。

⊙ 八是每天运动 15 分钟

运动似乎和口才风马牛不相及，其实关系很大。很多人讲话中，可能经历过“脑雾”，脑海像被浓雾笼罩，讲着上句忽然忘了下句，逻辑关系忽然忘了怎么理顺，有那么几秒反应迟钝、混乱、模糊。这些不只是思维问题，很可能是身体动力、活力不足。坚持锻炼，有助于提升机体活力，提高反应度。

⊙ 九是不定期抓住实践机会

口才是应用型的技能，不能作为学术论文，束之高阁。也不能只在心里觉得自己很行或者很不行，必须开口。有人看了很多口才书，神游了很多讲话场景，就是不去实践中开口说，肯定是叶公好龙。一定要抓住一切机会，开口去讲、张嘴去说，在说中检验自己的优点和不足，进而改进。

以上九点，坚持下来，你会发现自己的表达能力，今天胜过昨天，明天胜过今天。哪怕是微不足道，也在不断地改良、改善，日积月累，就会大有进步，最终迎来精彩瞬间。

每一次失败，都铺垫了成功的道路；每一粒汗珠，都映射着今后的掌声；每一次积蓄的力量，终将变成我们的高光时刻。

转引一首小诗为本书作结吧。

纽约时间比加州时间早三个小时，
但加州时间并没有变慢。
有人22岁就毕业了，
但等了五年才找到好的工作。
有人25岁就当上CEO，
却在50岁撒手人寰。
也有人迟到50岁才当上CEO，然后活到90岁。
世上每个人本来就有自己的发展时区。
身边有些人看似走在你前面，
也有人看似走在你后面。
但其实每个人在自己的时区有自己的步程。
不用嫉妒或嘲笑他们。
他们都在自己的时区里，你也是！
生命就是现在行动，持续精进，
在命运为你安排的属于自己的时区里，
每个人都有属于自己的高光时刻，
一切都准时。

本章小结

- 这样讲话能封神
  - **有情感**
    - 真挚坦诚不虚假
    - 共鸣共情不自嗨
    - 抒发有度不做作
  - **有新意**
    - 有新观点新思路
    - 有新素材新例子
    - 有新词汇新表达
  - **讲短话**
    - 为什么讲不短
      - 代表重视
      - 当成秀场
      - 掩盖短板
    - 怎样能讲短话
      - 提高长短意识
      - 善于概括总结
      - 减少分层“套娃”
  - **有气场**
    - 个人修为
      - 有气度：格局宏大、胸怀宽广
      - 有气势：指挥若定、排山倒海
    - 外在表现
      - 形象干净
      - 声音洪亮
      - 语言坚定
      - 肢体自然
      - 金句提神
  - **持之以恒打造高光时刻**
    - 早起读新闻
    - 通勤听演讲
    - 社交练复述
    - 午休看语言类节目
    - 抽空练绕口令
    - 每周模拟即兴发言
    - 睡前读点书
    - 坚持每天运动
    - 随时上台发言